AF727128

Egon Freitag

Johann Gottfried Herder
»Licht - Liebe - Leben«

Biografien für Liebhaber

SCHNELL

Verlag SCHNELL
Warendorfer Lieblingsbücher

Impressum

Egon Freitag
Johann Gottfried Herder
„Licht – Liebe – Leben"
Biografien für Liebhaber
Illustrationen: Beate Fahrnländer
© Verlag SCHNELL Peter Salmann
Oststraße 24, 48231 Warendorf
Alle Rechte vorbehalten
E-Mail: schnell-verlag@t-online.de
www.verlag-schnell.de
ISBN 978-3-87716-670-3
Hergestellt in Deutschland

Warendorf, Juli 2014

Biografien für Liebhaber

Mit dieser Reihe wenden wir uns an alle Liebhaber/-innen von Biografien. In erster Linie ist sie konzipiert für junge Leserinnen und Leser.
Zwar hat jeder Autor seinen individuellen Schreibstil für diese Reihe entwickelt und der jeweiligen Persönlichkeit anzupassen versucht, deren Vita hier erzählt wird. Das äußere Gewand wie auch das Innen-Layout eines jeden Bandes sind aber einheitlich gestaltet. Die Reihe ist - zunächst - in drei Epochen eingeteilt: Sturm und Drang/Klassik erscheint in rötlichem Gewand, Romantik/Realismus in einem blauen und die Epoche Naturalismus/Moderne in einem grünlich-gelben.

Der Autor dieses Buches, Dr. phil. Egon Freitag, lebt in Weimar und war fast 30 Jahre lang wissenschaftlicher Mitarbeiter des Goethe - Nationalmuseums (Klassik Stiftung Weimar).

Egon Freitag ist Dozent für literaturwissenschaftliche Themen, Diplom-Ethnograf und wissenschaftlicher Autor. Sein besonderes Interesse gilt der Weimarer Klassik und der Kreativitätsforschung.
Vor allem die Persönlichkeiten Wielands, Herders, Goethes, Schillers und Eckermanns, ihr kreativer Prozess sowie ihr Streben nach Selbstverwirklichung und künstlerischer Vollendung sind für ihn von großer Aktualität.

Inhalt

Vorwort

»Herder hat nur einen Gedanken und dieser ist eine ganze Welt!«
Johann Heinrich Jung-Stilling

Johann Gottfried Herder gehört zu den bedeutendsten und einflussreichsten Persönlichkeiten der Weimarer Klassik sowie der deutschen und europäischen Geistesgeschichte. Er wirkte vor allem als Theologe, als Religions- und Geschichtsphilosoph, als Sprachforscher, Volksliedsammler, Literaturkritiker, Ästhetiker, Dichter, Übersetzer und Herausgeber. Er interessierte sich für Naturwissenschaften, begrüßte die Französische Revolution und trat für Menschenrechte und Menschenpflichten ein. In Straßburg lernte er den 21-jährigen Jurastudenten Goethe kennen und wurde sein Mentor.

Herder war gewissermaßen ein „Ideenbildhauer" des 18. Jahrhunderts und wollte „kein langweiliger klassischer Heiliger sein", wie er selbst bemerkte. Die irdischen Genüsse waren ihm nicht fremd. So schrieb er an Caroline Flachsland, seine spätere Frau, die ihm acht Kinder gebar, Briefe von „höchster Sinnlichkeit". Er wünschte sie bald zu besuchen, um sie zu sehen, zu sprechen und „zum Wiedersehen und Abschiede" auf seinem „Schoße zu haben." Im Mai 1772 teilte er ihr mit: „Ich winde mich um Deinen Schoß und Busen." Der Herausgeber Heinrich Düntzer und Herders Enkel Ferdinand Gottfried veränderten diese „anstößige" Stelle. Bei ihnen heißt sie: „Ich greife nach Deinem weisen Herzen".

In Briefen an seine Kritiker und Gegner erleben wir jedoch seine zuweilen ostpreußisch derbe Ausdrucksweise, seine „bissige Laune und Unzufriedenheit mit aller Welt". Zwischen Herders Bedeutung und seinem heutigen Bekanntheitsgrad klafft eine tiefe Lücke. Möge diese illustrierte Biografie des Schnell-Verlages dazu beitragen, den vielseitigen Theologen, Philosophen und Schriftsteller wieder bekannter zu machen.

Sehr herzlich danke ich meinem Verleger Herrn Peter Salmann, dass er diese Biografie in sein Verlagsprogramm aufgenommen hat, für die verlegerische Betreuung und sorgfältige Lektorierung. In Herders Geburtsstadt Mohrungen befindet sich im ehemaligen Palais des Grafen Dohna das derzeit einzige Herder-Museum, das über Leben und Werk des bedeutenden Gelehrten informiert. Es wurde in enger Zusammenarbeit mit Mitarbeitern des Goethe-Nationalmuseums in Weimar eingerichtet. Ich danke der Leiterin des Herder-Museums in Mohrungen, Frau Magdalena Bartoś, und dem Direktor des Museums von Ermland und Masuren in Olsztyn, Herrn Janusz Cygański, für die vorzügliche Bewahrung des Andenkens an den berühmtesten Sohn Mohrungens. Meinem langjährigen Freund, dem renommierten Herder-Forscher und Bearbeiter der Gesamtausgabe von Herders Briefen, Dr. Günter Arnold, danke ich für zahlreiche Anregungen. Gemeinsam mit Herrn Dr. Christian Juranek durfte ich an der großen Herder-Ausstellung mitarbeiten, die anlässlich des 250. Geburtstages des Theologen in Weimar, Berlin und in Darmstadt gezeigt wurde. Dem Vorsitzenden des Freundeskreises des Goethe-Nationalmuseums, Herrn Dieter Höhnl, danke ich für die Anregung zu dieser Herder-Biografie und dafür, dass er sich nachdrücklich für die Wiedereinrichtung eines Herder-Museums in Weimar einsetzt. Ihnen und allen Herder-Liebhabern ist diese Biografie gewidmet.

»... in einer dunkeln, aber nicht dürftigen Mittelmäßigkeit geboren«

Mohrungen 1744-1762

Herders Geburtsstadt liegt im ehemaligen preußischen Oberland, östlich der Weichsel und hatte etwa 1800 Einwohner, als er am 25. August 1744 das Licht der Welt erblickte. Der Ort mit seiner Stadtmauer und den drei Stadttoren befand sich an der großen Handelsstraße, die von Danzig und Elbing nach Allenstein und Warschau führte. Die Einwohner betrieben hauptsächlich Landwirtschaft und Gartenbau sowie Handwerk, Garn- und Leinwandhandel. In Mohrungen war ein preußisches Dragonerregiment stationiert. Für die polnische Minderheit gab es Gottesdienste in ihrer Sprache. Das Schloss der Grafen zu Dohna bildete den kulturellen Mittelpunkt von Mohrungen. Dort befindet sich seit 1986 ein Herder-Museum.

Herders Elternhaus befand sich in der Nähe der Stadtkirche. Sein Vater Gottfried Herder war Glöckner, Kantor und Elementarlehrer an einer Mädchenschule. Er war in zweiter Ehe mit Anna Elisabeth, geborene Peltz, der Tochter eines Schuhmachers, verheiratet. Aus dieser Ehe gingen fünf Kinder hervor, von denen zwei früh verstarben. Johann Gottfried war ihr drittes Kind. Dieser schrieb über seine Kindheit: „Ich bin in einer dunkeln, aber nicht dürftigen Mittelmäßigkeit geboren. ..."

Beim Rektor Grimm erhielt er Unterricht in Latein, Griechisch und Hebräisch. Streng und unerbittlich achtete dieser auf die Erlernung der grammatischen Regeln. Jede Lektion ließ er solange und so oft wiederholen, bis die Schüler den Sinn erfasst hatten. Während des Aufsagens der Lektionen mussten sie stehen. Dies lehrte den Schülern Ehrerbietung gegenüber dem Lehrer und Aufmerksamkeit auf die Lektion. „Wir zogen schon unsere Hüte ab, sobald wir ihn und seine Wohnung von ferne erblickten." Demgegenüber belohnte er aber auch die Fleißigen, worunter sich auch der junge Herder befand. Die-

Herders Elternhaus
in Mohrungen

se Auszeichnung bestand darin, „dass er uns auf seine Spaziergänge mitnahm, wo wir ihm Ehrenpreis und Schlüsselblümchen zu seinem Tee, den er täglich trank, suchen mussten." Ehrenpreis ist eine Wiesenpflanze, die auch als Männertreu bezeichnet wird. Herder erinnerte sich: „Immer sind mir daher Ehrenpreis und Schlüsselblümchen so wert geblieben. Sie erinnern mich an jene Spaziergänge, an die Ehre und Belohnung meines unvergesslichen Rektors." Zuweilen gab er einem Schüler, mit dem er besonders zufrieden war, „auf seiner Studierstube eine Tasse" von diesem Tee, „mit einem kleinen Stückchen Zucker. Dies war eine ehrenvolle Auszeichnung." Herder erhielt auch Klavierunterricht und liebte Musik und Gesang, wobei er „die einfachen, erhabnen Töne der Kirchenmusik" besonders schätzte.
Nach dem Besuch der Lateinschule fand Herder im Januar 1761 eine Anstellung als Gehilfe im Hause des Mohrunger Diakons Sebastian Friedrich Trescho. Dieser war ein dichtender Schöngeist und Vielschreiber. Als Herder in seine Dienste trat, begann Trescho eine dreibändige „Sterbebibel" zu verfassen. Daraus sollten die Leser die Kunst erlernen, fröhlich und selig zu sterben. Der junge Herder erhielt von ihm den Auftrag, dessen Werke abzuschreiben. Auch Einkäufe und Botengänge musste er für ihn erledigen. Dafür gewährte ihm Trescho kostenlose Unterkunft in seinem Haus und die Benutzung seiner großen Bibliothek. Jede freie Stunde des Tages und oft die halben Nächte verbrachte Herder dort, um seinen riesigen Wissensdurst zu stillen. Hier lernte er neben antiken Schriftstellern auch die Dichtungen Ewald von Kleists, Klopstocks, Lessings, Gellerts und Wielands, die Schriften Winckelmanns, Hamanns und die Lieder des Barockdichters Simon Dach kennen. Darunter befand sich das Hochzeitslied „Anke van Tharow", in samländischer Mundart verfasst. Herder bezeichnete diesen Dialekt als „preußisch plattdeutsch". Er übertrug das Lied später ins Hochdeutsche und nahm es in seine Volksliedersammlung auf. Als „Ännchen von Tharau" wurde es berühmt und mehrfach vertont. Es ist eines der schönsten deutschen Volkslieder. Herder erhielt bei Trescho auch Unterricht in Französisch und Musik. Durch ihn lernte er auch französische Literatur kennen, vor allem die Schriften von Jean-Jacques Rousseau.

Herder bei Trescho

Trescho berichtet: „An einem Abend, da Herder mit brennendem Licht in seine Schlafkammer ging, empfand ich eine geheime Unruhe, ob er auch vergessen möchte, das Licht, wenn er sich zu Bette gelegt hätte, auszulöschen. Nach einer halben Stunde schlich ich mich in seine Kammer, und welcher Schrecken! Ich fand ihn, bis aufs Hemd entkleidet, auf dem Deckbett in tiefem Schlaf – um ihn herum eine Menge alter und neuer Bücher, zum Teil aufgeschlagen, auf dem Fußboden liegen – und in der Mitte derselben das brennende Licht! Wie froh war ich, jedem möglichen Schaden zuvorkommen zu können! Ich durchsah die Bücher, es waren meistens ... griechische und lateinische Klassiker und mehrere deutsche Dichter. Ich löschte das Licht aus und ging zu Bette."

Bald darauf schickte Trescho eine Manuskriptsendung an den Königsberger Verleger Johann Jacob Kanter. Der 17jährige Herder übernahm das Abschreiben, Versiegeln und Wegschicken der Sendung und schmuggelte bei dieser Gelegenheit ein selbstverfasstes Gedicht in die Sendung. Ein paar Posttage später schrieb der Verleger an Trescho, er habe in dem Paket ein Gedicht gefunden, mit dem Titel „Gesang an den Cyrus", aber ohne Angabe des Verfassers. Da dieses Gedicht jedoch „voll Geist und Salbung" sei, habe er es sogleich drucken lassen. Es fand große Zustimmung. Gern hätte er jedoch den Namen des Verfassers gewusst. Daraufhin stellte Trescho seinen Gehilfen zur Rede. Herder leugnete es nicht, errötete und lächelte. Dieses Gedicht ist eine Ode an den Zaren Peter III. anlässlich seiner Thronbesteigung am 5. Januar 1762. Es war Herders erste Veröffentlichung. Seit 1758 war Ostpreußen infolge des Siebenjährigen Krieges von russischen Truppen besetzt. Als 1762, nach dem Tode der Zarin Elisabeth, Peter III. die Regierung übernahm, schloss er mit dem preußischen König Friedrich dem Großen, den er glühend verehrte, Frieden und zog sich von Ostpreußen zurück. Herders Gedicht verherrlichte dieses Ereignis in Form einer Dankeshymne eines von Cyrus aus der Gefangenschaft entlassenen Israeliten.

Trescho hatte die Begabung Herders erkannt und ihn auch finanziell unterstützt. Dazu schrieb er: „Seit der Zeit, dass ich hier bin, habe ich einen jungen Menschen in meinem Hause, der von armen Eltern ist, aber dabei zu jedermanns Erstaunen solche großen Talente von Gott empfangen hat, dass er nunmehr auf Ostern [1762] auf die Akademie gehen kann ... hat auch in der Musik und der französischen Sprache guten Fortgang und ist überhaupt ein Genie, von der Natur zu allem gebildet. ... Sein einziger Fehler ist also die Armut. ... Das Eintrittsgeld von Ostern an ... soll richtig von mir bezahlt werden."

Herder wusste, dass Trescho seinen „ersten Funken weckte", aber dieser sei „einseitig" gewesen. So empfand er diese Zeit als Knechtschaft

und Entfremdung vom eigenen Ich. Dennoch verdankte er ihm wichtige Anregungen auf literarischem Gebiet. Gerade die freie Benutzung seiner großen Bibliothek bildete die Grundlage für Herders umfangreiche literarische Kenntnisse sowie für seine eigene Dichtkunst.
Sein Lerneifer und seine Wissbegierde waren unersättlich. So ist überliefert, dass Herder, wenn er in der Stadt irgendein Buch auf dem Fensterbrett im Vorbeigehen liegen sah, sogleich in das Haus gegangen sei und freundlich darum bat, es ihm zu leihen.

Seine Eltern hatten einen kleinen Garten. Dort kletterte er gern auf einen Kirschbaum, wo er in den Ästen unter Blüten ein Buch las und dem Gesang der Vögel lauschte. Als einmal ein Ast brach, wäre er beinahe heruntergefallen. Dieser Sturz hätte ihm das Leben kosten können. Erleichtert sagte er: „Sichtbar habe hier die Vorsehung über ihm gewacht." Seine liebsten Spaziergänge führten ihn in die freie Natur, um den Mohrunger See und durch das Paradieswäldchen, wo er mit einem Buch ungestört sein konnte. Hier hing er seinen Gedanken nach und schmiedete ehrgeizige Pläne, „die man in einem Kinde nicht sucht." In einem Gedicht hat Herder dieser Gegend ein wehmütig treues Andenken gewidmet.

Träume der Jugend

„Fliegt, ihr meiner Jugend Träume,
Flattert, leichtbeschwingte Reime,
In mein frohes Jugendland,
Wo ich unter dichten Bäumen,
In der Muse sel'gen Träumen
Wahrheit suchte, Bilder fand.

Gleich den bunten Schmetterlingen
Schlüpften mir auf leichten Schwingen
Manche, manche längst vorbei;
Andre sind mir treu geblieben,
Und so bleib' ich euch, ihr Lieben,
Auch mit Herz und Seele treu.

Ach, in deinen Schoß versunken
Sind die Welten, die ich trunken
In dir sahe, Silbersee.
Schlummert sanft, denn auch in jenen
Luftgefärbten, hellen Szenen
Winket mir der Wahrheit Höh'!

Flieht, ihr meiner Jugend Träume,
Flattert, leichtbeschwingte Reime,
In die Hand der Jugendzeit!
Träume sind wir, denen Schatten
Sich mit Licht und Wahrheit gatten,
Und die auch der Traum erfreut."

Die Namen der Dörfer und Gegenden um Mohrungen hatten meist bedeutungsvolle poetische und religiöse Namen, wie Silberbach, Goldbach, Gottesgnad, Gottesgabe, Paradies, Himmelspforte und andere. In seiner ostpreußischen Heimat erhielt Herders empfängliche Seele jene tiefen Eindrücke von Natur und Religion, von Menschlichkeit und Geistesgröße, die sein ganzes Leben hindurch bestimmend wurden.
Im Winter 1761/62 bekam Mohrungen Einquartierung von russischen Truppen, die aus dem Siebenjährigen Krieg zurückkehrten. Unter ihnen befand sich der Regimentsarzt Johann Christian Schwartz-Erla, der den begabten und strebsamen jungen Herder kennenlernte. Er schlug ihm vor, ihn mit nach Königsberg zu nehmen, wo er Medizin studieren könne, um später Chirurg zu werden. Herder wollte für sich selbst sorgen, um seinen Eltern nicht auf der Tasche zu liegen. So folgte er diesem Lockruf und verließ im Sommer 1762 völlig mittellos seine Heimatstadt, die er nie wieder sehen sollte. Im Jahr darauf starb sein Vater, seine Mutter verstarb 1772.

»Ich habe studiert und gelehrt und geschwärmt«

Königsberg 1762 - 1764

Königsberg war im 18. Jahrhundert eine der größten Handelsstädte an der Ostsee. Hier lebten über 60000 Einwohner. Herder schrieb von dieser Stadt begeistert: „Aus meinem armen, stillen Mohrungen in diese große, gewerbereiche, geräusch- und geschäftsvolle Stadt mit einmal versetzt! Wie staunte ich alles an! Wie groß war mir alles!"

Dort begann er Medizin zu studieren. Doch seine Absicht, Chirurg zu werden, musste er bald aufgeben, denn bei der ersten Leichenöffnung, der er beiwohnte, fiel er in Ohnmacht. So wechselte er zum Theologiestudium und besuchte von 1762 bis 1764 die Königsberger Universität. Der Graf Dohna-Schlodien hatte für mittellose Mohrunger Studenten ein Stipendium gestiftet, das er auch dem jungen Herder gewährte. Am 21. August 1762 hörte er die erste Vorlesung bei dem berühmten Philosophen Immanuel Kant. Dieser formulierte mit dem Satz: „Habe Mut, dich deines eigenen Verstandes zu bedienen" gewissermaßen das Leitmotiv der Aufklärung. Der wissbegierige Student hörte bei ihm Vorlesungen in Logik, Metaphysik, Moralphilosophie, Mathematik, Geographie und Astronomie. Dankbar erinnerte er sich:

„Ich habe das Glück genossen, einen Philosophen zu kennen, der mein Lehrer war. Er in seinen blühendsten Jahren hatte die fröhliche Munterkeit eines Jünglinges, die, wie ich glaube, ihn auch in sein greisestes Alter begleitet. Seine offne, zum Denken gebauete Stirn war ein Sitz unzerstörbarer Heiterkeit und Freude; die gedankenreichste Rede floss von seinen Lippen; Scherz und Witz und Laune standen ihm zu Gebot, und sein lehrender Vortrag war der unterhaltendste Umgang. [...] Er munterte auf, zwang angenehm zum *Selbstdenken*; Despotismus war seinem Gemüt fremde."

Herder als junger
Student in Königsberg

Über diese Zeit berichtet Herder: „Ich habe studiert und gelehrt und geschwärmt und mich bald auf der Akademie in Ansehen gesetzt und diese Jahre zugebracht, dass ich sie mir wieder zurückwünsche - und das alles ohne meiner Eltern Kosten. ..." Der begabte Herder erhielt bald eine Hilfslehrerstelle und die Gelegenheit, Privat- und Nachhilfestunden zu geben. Dafür erhielt er freie Wohnung, Heizmaterial und Kerzen, so dass er seinen Lebensunterhalt und die Studienkosten bestreiten konnte. Später durfte er sogar die oberen Klassen unterrichten. Seine feurige Sprache, der lebendige Unterricht, seine begeisternde Einführung in den Geist der antiken Schriftsteller brachten ihm die Bewunderung seiner Schüler ein. Der pedantische Inspektor Christoph Samuel Domsien verlangte, dass die Lehrer an seiner Schule außer den erforderlichen Kenntnissen im Kopf auch eine Perücke auf dem Kopf tragen sollten. Herder protestierte dagegen, „weil eine Hauptdecke, die ihm sein natürliches Haar gab, weniger kostete als jene künstliche" Haartracht.

Viele Stunden verbrachte Herder im Hause des Buchhändlers Johann Jakob Kanter, wo er aufmerksam die literarischen Neuerscheinungen verfolgte. Für die »Königsberger Zeitung« schrieb Herder Gedichte, Rezensionen und eine Schulrede. Eines dieser frühen Gedichte fand sogar die Zustimmung Immanuel Kants. Dieser bescheinigte ihm: „Wenn das brausende Genie wird abgegoren haben, wird er mit seinen großen Talenten ein nützlicher Mann werden."

In Königsberg begann Herders Freundschaft mit dem philosophischen Schriftsteller Johann Georg Hamann. Wegen seiner mystisch-irrationalen Schriften erhielt er den Beinamen „Magus im Norden". Hamann war ein Vertreter des Pietismus und ein Gegner der Aufklärung. Der Pietismus betont die tätige Nächstenliebe und versteht sich gegenüber der Orthodoxie und dem Vernunftglauben als ein Christentum des Herzens und der Gesinnung.
Hamann pries die angeborene Individualität, den Glauben an sich selbst und die kreative Schaffenslust. Er übte auf die jungen Stürmer und Dränger eine große Faszination aus. Er wandte sich gegen Vernunft und Logik. Ihm ging es um den ganzen Menschen. Durch-

drungen vom Sinn des alten Testaments stritt er gegen die Aufklärung. Er fragte die Aufgeklärten, ob sie nicht wüssten, dass Gott ein Genie sei. Gott frage nicht danach, ob sie ihn für vernünftig oder unvernünftig hielten. Hamann hatte Herder stark beeinflusst. Beide waren lebenslang befreundet. Ihm verdankte Herder vor allem den Hinweis auf die Bedeutung der Sprache und Poesie. Hamann lehrte den jungen Freund die englische Sprache. Gemeinsam lasen sie Shakespeare und Ossian. Dabei erwachte in Herder die Begeisterung für das Volkslied. Den Begriff hat Herder geprägt. Auch das „Verlorene Paradies" („Paradise lost") von John Milton lasen sie gemeinsam. In Königsberg lernte Herder auch Johann Friedrich Hartknoch kennen, der als Lehrling und Gehilfe in der Buchhandlung bei Johann Jakob Kanter arbeitete und 1765 eine eigene Verlagsbuchhandlung in Riga gründete.

Am 11. November 1764 brach in Königsberg eine gewaltige Feuersbrunst aus, wodurch ein großer Teil der Stadt zerstört wurde. Es war das schrecklichste Ereignis, das Herder je gesehen und nie vergessen hat.
Caroline Herder berichtet: „Mit Schaudern hörten wir, wenn er uns von der fünf bis sechs Tage lang anhaltenden Feuersbrunst erzählte, von dem immer währenden Getös und schrecklichen Geschrei aus den brennenden Gassen, die niemand mehr zu retten vermochte; von den brennenden Packhäusern, angefüllt mit brennenden Waren; wie die funkensprühenden Bündel Flachs, Hanf und dergleichen hoch über die Stadt hinflogen und das Feuer an vielen Orten verbreiteten: von den brennenden Kirchen, den mit schrecklichem Krachen einstürzenden Türmen; von der allgemeinen Verwirrung und Betäubung der Einwohner und so fort."

Unter diesem entsetzlichen Eindruck verfasste Herder einen Trauergesang „Über die Asche Königsbergs", den der Buchhändler Kanter veröffentlichte. Kurz nach dem großen Brand, am 22. November 1764, verließ Herder Königsberg, um eine Berufung an die Domschule in Riga anzunehmen.

»...die fröhlichste Blüte meines Lebens«

Riga 1764 - 1769

Fünf Jahre wirkte Herder als Lehrer und Prediger in Riga, der Hauptstadt Livlands. Die Bevölkerung bestand überwiegend aus Letten. Die Stadt gehörte zwar seit 1710 zum russischen Zarenreich, hatte sich jedoch eine relative Unabhängigkeit bewahrt, was sowohl den Seehandel als auch die Entwicklung des Geisteslebens günstig beeinflusste. Das friedliche Zusammenleben verschiedener Nationalitäten, die dennoch ihre Eigenart bewahrten, hinterließ in Herders Denken tiefe Spuren und bildete eine der Grundlagen für seine Hochschätzung der slawischen Völker, die er zeitlebens empfand. Ein Beispiel dafür ist das Slawenkapitel in den „Ideen zur Philosophie der Geschichte der Menschheit".

Auf Hamanns Empfehlung erhielt Herder zunächst die Stelle eines Hilfslehrers an der Domschule. Inzwischen bekam er auch ein lukratives Angebot aus Sankt Petersburg. Dort hätte er die Stelle „als Direktor und Inspektor des Instituts der Sprachen, Künste und Wissenschaften, mit 700 Rubel Gehalt, freier und sehr ansehnlicher Wohnung und Aufwartung" erhalten. „Da aber auf der andern Seite der Posten viel zu *ökonomisch* und *politisch*" war und „mit ihm nicht eigne Arbeiten, sondern die Aufsicht über 30 arbeitende Lehrer" beinhaltete, so lehnte er ab, denn er sah, „dass dieser Posten das Grab meiner Ruhe und Wirksamkeit sein würde."

Im April 1767 wurde er Prediger an den beiden Rigaer Vorstadtkirchen, an der Jesuskirche und an der Gertrudenkirche. Hier begann seine theologische Wirksamkeit. Dazu meinte er: „... Als Pastor habe ich in der einen Kirche alle 14 Tage: in der andern alle Fest-, Buß- und Marientage zu predigen und außerdem den Leichen beizuwohnen. Ich habe also, wenn keine Krankheiten vorfallen, mittelmäßige

Arbeit und zwischen 500 bis 600 Reichstaler möchte ich an Gehalt stehen, wenn ich alles zusammenrechne."

Herder nahm den Predigerberuf sehr ernst. Er bereitete seine Predigten sorgfältig vor, ja er lernte sie sogar auswendig. „Mit Geist, Herz und wahrer Religiosität belebte er ... die alte Form, aufmunternd zur Ausübung jeder menschlichen Tugend, zur Liebe zu Gott und den Menschen, erweckend das Gefühl der Unsterblichkeit; diese Themata, vorgetragen mit seiner seelenvollen Beredsamkeit, mit allem Schmuck seiner jugendlichen Phantasie, ohne Gepolter und Geschrei, in wohlklingender, anmutiger, würde- und gefühlvoller Sprache, ergriffen und bewegten die Herzen unwiderstehlich", berichtete später Herders Frau.

Herder als Seelsorger in Riga

Diese ungezwungene freie Art zu predigen, sein Auftreten und Benehmen brachten ihm aber auch Kritik ein. Herder trug keine Perücke und kleidete sich modisch, was als sehr anstößig empfunden wurde. Er achtete nicht auf die althergebrachten Formen geistlicher Würde, sondern verkehrte frei und ungezwungen. Er besuchte regelmäßig Konzerte, ging ins Theater und war in Riga sogar in die Freimaurerloge eingetreten. So bekam er auch „den Hass der ganzen Geistlichkeit ... und den scheelen Neid einiger kriechenden Geschöpfe" zu spüren. Trotzdem habe er „in Livland so frei, so ungebunden gelebt, gelehrt, gehandelt", als er „vielleicht nie mehr im Stande sein werde, zu leben, zu lehren und zu handeln."

Über sein geistliches Amt schrieb Herder an Immanuel Kant, dass er dieses nur deshalb angenommen habe, weil sich von hier aus „am besten Kultur und Menschenverstand unter den ehrwürdigen Teil der Menschen bringen lasse, den wir Volk nennen. ... So ist diese menschliche Philosophie auch meine liebste Beschäftigung. ... Es ist der Zweck meines Hierseins, mehr Menschen kennenzulernen und manche Dinge anders zu betrachten, als Diogenes sie aus seinem Fasse sehen konnte." Dabei forderte Herder: „Du Philosoph und du Plebejer! macht einen Bund, um nützlich zu werden."

An der Domschule erteilte Herder Unterricht in Latein, Französisch, Geschichte, Naturgeschichte und Mathematik. Ein Zögling erinnert sich: „Auch ich war Herders Schüler, und habe sowohl in der Schule als privatim in der lateinischen Sprache u. a. seinen Unterricht genossen. Seine Lehrmethode war so vortrefflich, sein Umgang mit seinen Schülern so human, dass sie keiner Lektion mit größerer Lust beiwohnten als derjenigen, die von ihm gegeben ward."

Als Herder die Stelle als Prediger an der Domschule in Riga erhielt, wurde gleichzeitig Gottlieb Schlegel als neuer Direktor eingesetzt. Herder kannte ihn bereits aus Königsberg und fand ihn „immer zu blöde im Denken und Wollen und Sprechen". So empfand er auch jetzt nur Spott und Hass gegen ihn. Selbst nach seinem Weggang schrieb

Herder verärgert über seinen ehemaligen Vorgesetzten: „Dem Rektor Schlegel aber scheißen Sie was auf seinen Katzenbuckel."

Herder fand auch Zugang zu Kaufleuten und Ratsherren und lernte Georg und Gustav Berens kennen, mit denen er enge Freundschaft schloss. Er erteilte ihren Kindern Privatstunden. Sein liebster Freund war der Buchhändler Johann Friedrich Hartknoch, den er bereits aus Königsberg kannte und der Herders bedeutendster Verleger wurde. Regelmäßig verkehrte Herder auch im Hause des Kaufmanns Nikolaus Jakob Busch. Zu dessen Frau Amalia Reinholdina empfand er eine tiefe Zuneigung. Sie hatte vier Kinder und war unglücklich verheiratet. Herder beichtete später seiner Verlobten Caroline Flachsland:

„Wissen Sie, wer diese unglückliche Freundin war und ist? Eine vortreffliche, aber äußerst übel verheiratete Dame zwischen dreißig und vierzig Jahren, deren Freund und täglicher Umgang ich nebst einem andern ehrlichen Kerl [dem Rigaer Zollkontrolleur Begrow] war, vor dem wir nichts Geheimes im Herzen hatten. Zwei runde Jahre bin ich in ihrem Hause, Vormittage, Mittag, wo ich täglich speisete, Nachmittage, und Abend, bis in die Nacht gewesen. ... Da waren wir täglich zusammen, um zu plaudern, und zu lesen und uns zu zanken, und uns zu trösten, und zu tändeln und zu liebkosen und - nichts mehr! Ein Gedanke weiter hätte unsre Freundschaft beleidigt! Ich habe ihr und ihren Kindern einige Dienste getan." Er bezeichnete sie als „Gespielin" seiner Liebe, aber es war eine tugendhafte Liebe. Die ganze Stadt wusste von dieser Freundschaft, weil er ihr alle Gesellschaften aufopferte. Wenn er zu seiner Predigt fuhr, begleitete sie ihn gewöhnlich im Wagen.

Herder vertiefte sich in die Werke des schottischen Philosophen David Hume und des französisch-schweizerischen Aufklärers Jean-Jacques Rousseau. Dieser und der englische Schriftsteller Lawrence Sterne waren Lieblingsautoren des jungen Herder. Besonders gefiel ihm dessen satirischer Roman „Das Leben und die Ansichten Tristram Shandys". Dazu schrieb er: „An Sternes Laune kann ich mich nicht satt lesen." Allerdings schimpfte er: „Und um so mehr ärgern mich auch seine verfluchten Säuereien und Zweideutigkeiten, die das Buch wenigerer Empfehlung fähig machen, als es verdient."

Herders Rigaer Jahre sind die erste Periode seiner kreativen Entfaltung und literarischen Wirksamkeit. Die Studienzeit in Königsberg trug hier erste Früchte auf theologischem und literarischem Gebiet. Herder war jetzt 24 Jahre alt und dachte über den Sinn des Lebens nach:

„Wir sind hier, um uns auszubilden, zu entwickeln; allein jede Kraft entwickelt sich nur bis zu einer gewissen Stufe und macht einer andern Platz. ... Diese Ausbildung und Entwicklung auf dieses Leben, sie ist Zweck; sie ist Bestimmung; aber das ist ein unrechter Gesichtspunkt, zu leben, damit man die Welt vollkommner verlasse, als man sie betrat. Wir betraten sie, um hier vollkommner zu werden, zuzunehmen und abzunehmen, zu lernen und anzuwenden, und immer uns und die Welt zu genießen; das war Absicht der Natur. Alles wird verrückt, wenn ich mir eine einzige Vollkommenheit erwerbe, die bloß fürs Verlassen der Welt Vollkommenheit sei."

Herder erklärte: „In den Jahren, in denen ich bin, muss auf die ganze Lebenszeit alles entschieden werden!" So durchdachte er eine Menge seiner Lieblingsideen, z.B. „wie die Philosophie zum Besten des Volks allgemeiner und nützlicher werden kann." Unerschöpflich ergoss sich der Strom seiner Gedanken, Pläne und Entwürfe, die sich aber mitunter so hastig überstürzten, dass sie nie vollendet wurden, sondern Fragmente blieben. Las Herder das Geschriebene oder Gedruckte durch, erkannte er die Unvollkommenheit seiner Gedanken und begann die Schrift zu überarbeiten, oft sogar mehrmals. In diesem kreativen Prozess kamen ihm stets neue Gedanken, so dass aus dem umgearbeiteten Werk schließlich ein neues wurde.

Seinem Freund Johann Georg Hamann teilte er im Juli 1765 mit: „Stellen Sie sich meine Pein vor, die ich haben muss, um einen Gedanken auszubilden, zehn jüngere zu verlieren; und hingegen die *Zeugungsbrunst* eines Schriftstellers, der was er *säet*, Menschen, und was er schreibt, *Gedanken* werden sieht. Ein Jüngling wird bloß

Vater, um sein selbst willen, weil die Brunst des Tiers ihn treibt; und erst einen Greis muss seine junge Gattin zu diesem Liebeswerke anfeuern, dass er sich dadurch bei der Nachwelt verewigt. Ich mag mit Kalibanen des Shakespeares, oder mit Puppen die Welt bevölkern, ich will nicht umsonst Mann sein. ..."

Durch Lessings „Briefe, die neueste Literatur betreffend" angeregt, verfasste Herder 1766 und 1767 in Riga seine „Fragmente über die neuere deutsche Literatur". Die Schrift entstand unter Mitwirkung Hamanns. Herder vermittelt darin Kenntnisse aus philosophischen Aufsätzen und Werken der Literatur und Kunst, begleitet von eigenen Gedanken, Bewertungen und Schlussfolgerungen, denn er las stets mit der Feder in der Hand. Es sind also bereits Studien eines Selbstdenkers, der unerschrocken und leidenschaftlich für das einmal erkannte Wahre und Echte streitet.

Bereits hier erörtert er die deutsche Literatur unter dem Aspekt, dass die Sprache die Grundlage jeder Geistesbildung sei: „Kurz! Die ganze Hypothese vom göttlichen Ursprunge der Sprache ist wider die Analogie aller menschlichen Erfindungen, wider die Geschichte aller Weltbegebenheiten und wider alle Sprachenphilosophie. ... Ich darf also immer einen menschlichen Ursprung voraussetzen, jeder andere ist über unsere Sphäre." Denn, fragt Herder: „Was ist für Menschen würdiger und wichtiger als Produktionen menschlicher Kräfte, die Geschichte menschlicher Bemühungen, und die Geburten unseres Verstandes zu untersuchen?" Es ist das Problem menschlicher Kreativität, das Herder hier zum ersten Mal skizziert und das in der Folge sein Genie-Denken bestimmen wird. Die Entwicklung der Sprache bewertete er als „das größte Werk des menschlichen Geistes", entsprechend zur Entfaltung der menschlichen Seele. Die Anfänge der Sprache liegen im „Zustand der rohen Natur" beim Volk.

Herders Fragmente „Über die neuere deutsche Literatur" erschienen anonym und sorgten für Aufsehen in der literarischen Welt. In einem Brief an Johann Georg Zimmermann fragte Wieland, „ob Ihnen ein gewisser Herr Harscher bekannt ist, der in *Fragmenten* über die

Neuere Literatur sich als den originalsten Hasenfuß zeigt. ... Haben Sie ... je einen Kopf gekannt, in welchem Metaphysik und Phantasie und Witz und griechische Literatur und Geschmack und Laune auf eine abenteuerlichere Weise durcheinander gärt? ... Ich bin begierig zu sehen, was noch aus ihm werden wird - ein sehr großer Schriftsteller, oder - ein ausgemachter Narre." Daraufhin erfuhr er, „dass der seltsame Mensch, der die *Fragmente* ... geschrieben hat, ›Härder‹ heiße. ..."

Dass Herder sein Erstlingswerk „Fragmente" nannte, ist bezeichnend für sein gesamtes schriftstellerisches Werk, denn es sind meist Bruchstücke, unvollständige Abhandlungen, an denen er zwar Änderungen und Ergänzungen vornahm, die er aber nicht zum Abschluss brachte. Einen Stoff systematisch, formvollendet und erschöpfend zu behandeln, das gelang ihm nicht. Arbeitete er an einem Werk, eilte er rastlos schon zum nächsten.

1769 veröffentlichte Herder, ebenfalls ohne seinen Namen preiszugeben, eine Schrift unter dem Titel „Kritische Wälder", gegliedert in 1. bis 3. Wäldchen. Ein 4. Wäldchen erschien erst nach Herders Tod. Wie sich der Mischwald aus unterschiedlichem Baumbestand zusammensetzt, so hat diese Publikation Verschiedenes zum Inhalt. Es sind Betrachtungen über Wissenschaft und Ästhetik. Es waren planlos und aus dem Stegreif niedergeschriebene Gedanken, die Herder beim Lesen der jeweiligen Lektüre einfielen. Er verbat sich jegliche Witzelei über diesen Titel, denn „das Wort Wälder" habe die Bedeutung „von gesammelten Materien ohne Plan und Ordnung".

Beide Schriften begründeten Herders schriftstellerischen Ruf und erschienen in der Rigaer Verlagsbuchhandlung von Johann Friedrich Hartknoch. Aber Herder veröffentlichte sie anonym, denn er wollte aus Rücksicht auf sein geistliches Amt als weltlicher Schriftsteller unerkannt bleiben und seinen Namen erst preisgeben, wenn er ein Werk geschaffen habe, das seines Namens würdig sei. Seine Begründung lautet: „Entweder ich muss unbekannt schreiben, oder ich kann nicht schreiben, was ich will."

Doch lange konnte er dies nicht geheim halten. Der Hallenser Professor Christian Adolph Klotz hatte Herders Autorschaft enttarnt und preisgegeben. Dies trug ihm Bewunderung als auch scharfe Kritik ein. So teilte ihm Hamann mit:

„Und Sie, armer Herder!, wissen auch nicht, dass man in dem geliebten Deutschland Kriegslieder auf Sie singt.

Aus einem düstern *Wäldchen* sah
Uns anfangs *Herder* zu.
Beim sechsten Schuss trat er auch nah
Und schrie Glugluglugluglu!
Auch Trommelschläger *Trescho* schlug
Das Kalbfell voll von Mut.
Sein hocherleuchtet Köpfchen trug
Zum Schirm den breitsten Hut."

Die Angriffe des Hallenser Professors Christian Adolph Klotz und Herders ungeschicktes Versteckspiel um seine Autorschaft der „Fragmente" und der „Kritischen Wälder" verdarben ihm den Aufenthalt in Riga. Auch die Fülle seiner beruflichen Pflichten empfand er allmählich als Einengung seines Tatendranges. Er sehnte sich nach Veränderung und wollte fremde Länder kennenlernen. Völlig unerwartet bat er im Mai 1769 um die Entlassung aus allen seinen Ämtern, um in Begleitung seines Freundes Gustav Berens eine Seereise anzutreten.

Am 28. Mai 1769 hielt Herder in der St. Gertrudenkirche in Riga seine Abschiedspredigt, in der er gegenüber seiner Gemeinde betonte: „Das, was ich auf Kanzeln und vor Altären vorgetragen, ... sind immer wichtige menschliche Lehren und Angelegenheiten gewesen. ... Menschen, gebt der Religion Gehör, von der all euer Glück abhängt! Was sind die Güter der Erde, was ist ein eitler Name, was ist ein erscharrter Reichtum, was sind unwürdige Wollüste, Zerstreuungen und Ergötzlichkeiten, - wahrhaft Unseligkeiten, die nur eine Zeitlang blenden und betäuben können, aber nachher mit Ekel, mit Abscheu, mit Strafen lohnen! Die wahre Glückseligkeit besteht ... in der Ordnung der Seele, und liegt also nicht auf dem Wege der Ausschweifung und des Lasters: und bald, ach wie bald! müssen wir sterben und sind nicht mehr! Wo bleiben denn alle unsere sündlichen Freuden und Ergötzungen? – alles hinter uns: nur eins nehmen wir mit: Gefühl der Gnade, eine beruhigte, gebesserte, heitere, tugendhafte Seele, und den Genuss, den Lohn der Werke."

Als Grund für seine Reise gab Herder an: „Meine einzige Absicht ist die, die Welt meines Gottes von mehr Seiten kennenzulernen, und von mehr Seiten meinem Stande brauchbar zu werden, als ich bisher Gelegenheit gehabt, es zu werden. Dazu fühle ich in mir Anlagen, und das ist gleichsam ein innerer Ruf Gottes an uns, der zu unsrer Bestimmung gehört, und dem wir folgen müssen. In diesem Punkte stehe ich allein vor Gott und meinem Gewissen; da will ich mich über die Redlichkeit meiner Absichten richten lassen, und nicht von den Vermutungen der Menschen. – Den Vorwurf kann man mir nicht machen, dass ich meinen geistlichen Stand aufgebe: denn den gebe ich nicht auf, ich habe vielmehr die eifrige brennende Begierde, in ihm noch nützlicher und würdiger zu werden."

Rückblickend schätzte er ein: „In Riga habe ich die fröhlichste Blüte meines Lebens erlebt."

»Nutze deine Jahre und blicke in die Welt!«

Die große Reise 1769 - 1770

Herder hatte von den Weimarer Klassikern die weitesten Reisen unternommen. Er hatte als einziger die Ostsee, die Nordsee und den Atlantischen Ozean und damit auch Ebbe und Flut gesehen. Goethe kannte nur die Adria und das Mittelmeer. Schiller und Wieland haben nie ein großes Meer gesehen.

Herder lernte neben seiner ostpreußischen Heimat und den deutschen Fürstentümern auch Livland, Dänemark, Frankreich, die Niederlande, das Elsass, Italien und Böhmen kennen.

Neben den Wohnorten Mohrungen, Königsberg, Riga, Bückeburg und Weimar waren die wichtigsten Reisestationen bzw. besuchten Orte Nantes, Paris, Brüssel, Antwerpen, Haag (heute: Den Haag), Leiden, Amsterdam, Hamburg, Kiel, Eutin, Hannover, Kassel, Göttingen, Hanau, Darmstadt, Mannheim, Heidelberg, Karlsruhe, Straßburg, Pyrmont, Frankfurt, Gotha, Ilmenau, Halberstadt, Braunschweig, Karlsbad, Nürnberg, Rom, Neapel, Florenz, Venedig, Aachen, Regensburg, Schneeberg, Eger, Dresden und andere.

Am 3. Juni 1769 begab sich Herder mit seinem Freund Gustav Berens, der eine Geschäftsreise nach Frankreich plante, an Bord eines niederländischen Segelschiffes. Der Verleger Hartknoch und seine Frau, der Zollkontrolleur Begrow und Herders Freundin Amalia Reinholdina Busch begleiteten die Reisenden in einer Schaluppe bis an Bord des Schiffes. Die Trennung fiel ihnen schwer. Frau Busch verlor ihren Freund und „täglichen Gesellschafter“: „Unser letzter Kuss, ich oben auf dem Schiff und der offnen See zueilend, sie unten im Fahrzeuge und zu ihrer Hütte kehrend, ohne uns vielleicht je wieder zu sehen, war würklich Kuss der Freundschaft, der auf dem offnen

Meer so selten gegeben wird. Da entstand das grässlichste Donnerwetter. ..." Zum Andenken bewahrte Herder ein Band auf, das er ihr noch am Tage des Abschieds „von ihrem schönen Fuße raubte", denn „ein Band der *Freundschaft* an den Fuß des Altars der *Liebe* ist keine Entweihung". Eines ihrer letzten Worte war: „Lieber *Herder*, ich wünsche Ihnen nichts, als dass Ihre künft'ge Frau Sie nur halb so liebe, als ich Ihnen gut gewesen bin!"

Durch ungünstiges Wetter lag das Schiff noch zwei Tage in der Düna-Mündung vor Anker. Erst am 5. Juni stach es in See.

Die Seereise wird sinnbildlich ein Aufbruch zu neuen Ufern. Sie führte über Kopenhagen bis nach Nantes in Frankreich. Herder lobte das Reisen und meinte, es sei „heutzutage für das Ganze eines Staats unentbehrlich. ... Durch Bücher lernt man alles elend kennen. ... Vieles lässt sich gar nicht beschreiben: eine Beschreibung wirkt nichts; lebendiger Anblick eines Volks, welche Eindrücke. ... Was [ist] auf Reisen zu lernen. Grundsätze für jeden Stand, nach dem Geist der Zeit, des Landes und ihres Vaterlandes." Sein Genius habe ihm zugerufen: „›Nutze deine Jahre und blicke in die Welt!‹ - Und noch hat's mich keinen Augenblick gereuet!"

Auf dieser Fahrt verfasste Herder ein Reisejournal. Es ist kein gewöhnliches Reisetagebuch, denn er formulierte hier im Alter von 25 Jahren seinen Lebensentwurf. Da heißt es ehrgeizig: „Oh Zweck! Großer Zweck, nimm alle meine Kräfte, Eifer, Begierden! Ich gehe durch die Welt, was hab' ich in ihr, wenn ich mich nicht unsterblich mache!" Es ist Herders unstillbare Sehnsucht nach Größe. Sie lässt ihn weit über sich hinaus, ins Reich kühner Phantasie vorgreifen. Wenn er zurückkehrt, begehrt er „der Genius Livlands, ein zweiter Zwinglius, Calvin und Luther in dieser Provinz" zu werden und „eine Republik für die Jugend" zu schaffen.

Herder notierte auf dieser Seereise auch seine Empfindungen und Eindrücke und bemerkte: „... Was gibt ein Schiff, das zwischen Himmel und Meer schwebt, nicht für weite Sphäre zu denken! Alles gibt

hier dem Gedanken Flügel und Bewegung und weiten Luftkreis! Das flatternde Segel, das immer wankende Schiff, der rauschende Wellenstrom, die fliegende Wolke, der weite, unendliche Luftkreis!
Auf der Erde ist man an einen toten Punkt angeheftet und in den engen Kreis einer Situation eingeschlossen. ... Wie klein und eingeschränkt wird da Leben, Ehre, Achtung, Wunsch, Furcht. ... - Wie enge und eingeschränkt endlich der ganze Geist. ... O Seele, wie wird dir's sein, wenn du aus dieser Welt hinaustrittst? Der enge, feste, eingeschränkte Mittelpunkt ist verschwunden, du flatterst in den Lüften oder schwimmst auf einem Meere – die Welt verschwindet dir - ... Welch neue Denkart! ... So ward ich Philosoph auf dem Schiffe - Philosoph aber, der noch schlecht gelernt hatte, ohne Bücher und Instrumente aus der Natur zu philosophieren. – Hätte ich dies gekonnt, welcher Standpunkt, unter einem Maste auf dem weiten Ozean sitzend, über Himmel, Sonne, Sterne, Mond, Luft, Wind, Meer, Regen, Strom, Fisch, Seegrund philosophieren, und die Physik alles dessen, aus sich herausfinden zu können. Philosoph der Natur, das sollte dein Standpunkt sein."

Herder auf Seereise

Herder beobachtet die Wanderungen der Heringsschwärme und verknüpft sie gedanklich mit den Völkerwanderungen. Ausgehend von den Luftbewegungen, Böen und Wellen will er eine Physik der Erdbewegung und des Erdmagnetismus entwickeln. Die Natur hat Formen, Strukturen, Organismen und Prozesse hervorgebracht, deren Studium eine reiche Quelle für menschliche Problemlösungen darstellt, womit sich heute die Bionik beschäftigt. Die Natur dient als Vorlage für zahlreiche Erfindungen. Herders Gedanken und Überlegungen sind visionär und zugleich aktuell. In diesen Selbstgesprächen dachte Herder auch über seine Bestimmung nach.

Am 17. Juni 1769 waren die Reisenden vor Kopenhagen. Herder wäre gern an Land gegangen, um Klopstock und dessen Freunde zu besuchen. Im Gedankenaustausch mit ihnen wollte er „Funken schlagen ... zu einem neuen Geist der Literatur, der vom dänischen Ende Deutschlands anfange und das Land erquicke." Aber Berens drängte zur Weiterfahrt. Am 19. Juni waren sie vor Helsingör. Sie fuhren vorbei an den Küsten Jütlands, Hollands, Englands und segelten durch den Ärmelkanal. Nach sechswöchiger Seereise, am 15. Juli 1769 gingen sie in Paimbœuf an der Loire-Mündung an Land. Am nächsten Tag reisten sie weiter nach Nantes, der damaligen Hauptstadt der Bretagne. Bei einem Geschäftsfreund von Berens fanden sie Unterkunft. Herder machte sich mit der französischen Sprache, die er bisher nur aus Büchern kannte, vertraut und studierte die Werke der Aufklärer Voltaire, Fontenelle, Montesquieu, d'Alembert, Rousseau u. a. Er habe, schrieb er seinem Verleger Hartknoch, „keine Ader für die Bequemlichkeit, wenige für die Wollust, nichts für den Geiz. Was bleibt mir übrig, als Wirksamkeit und Verdienst? Dazu brenne ich und krieche durch die Welt. ..."

Fast vier Monate blieb Herder in Nantes. Am 4. November 1769 reiste er weiter nach Paris. Nach vier Tagen erreichte er die französische Hauptstadt. Er besuchte Bibliotheken, den Louvre, Galerien, Antiquitäten- und Kupferstichsammlungen, ging ins Theater und machte, wie er versichert, die Bekanntschaft mit Diderot und d'Alembert, den berühmten Herausgebern der französischen Enzyklopädie, sowie mit weiteren Gelehrten. Völlig überraschend erreicht ihn in Paris ein Schreiben mit folgendem Wortlaut:

„Der Fürstbischof von Lübeck will seinen ältesten und einzigen Sohn künftige Ostern drei Jahre auf Reisen gehen lassen und wünscht, das Ew. Hochehrwürden ihn als Informator und Reiseprediger begleiten möchten. Er glaubt, ihn in Absicht der Bildung seines Herzens und Geistes niemand so gut anvertrauen zu können als Ihnen." Die Residenz des Fürstbischofs war Eutin. Obwohl Herder eigentlich nach Riga zurückkehren wollte, entschließt er sich nach einiger Bedenkzeit, die Stelle als Erzieher und Reisebegleiter des Erbprinzen von Holstein-Gottorp anzunehmen.

Im Dezember 1769 verließ Herder Paris und verlebte die Weihnachtstage in Brüssel. Dort und in Antwerpen studierte er die niederländische Kunst. Von Antwerpen fuhr er zu Beginn des Jahres 1770 mit einem Schiff nach Amsterdam, wo er in lebensbedrohliche Gefahr geriet.

„Auf dieser Überfahrt entstand ein heftiger Sturm, das Schiff stieß auf eine Sandbank an der holländischen Küste, unweit der Gegend vom Haag [von Den Haag]. Man tat Notschüsse und steckte die Notflagge auf. Die ganze Nacht saß das Schiff auf der Sandbank fest, in ständiger Gefahr, zu sinken. Des Morgens kamen die Fischer von der Küste mit Booten zur Rettung. Unter Regen und schäumenden Meereswellen kamen er [Herder] und seine Gefährten endlich ans Ufer - und sahen von da aus, nachdem alles gerettet ward, das Schiff versinken."

Von Amsterdam reiste Herder durch Holland und Friesland nach Hamburg, wo er den von ihm sehr geschätzten Dichter Gotthold Ephraim Lessing kennenlernte. In Wandsbeck besuchte er Matthias Claudius. Er bezeichnete ihn als „einen Freund von sonderbarem Geiste und von einem Herzen, das wie Steinkohlen glüht - still, stark und dampfigt." Claudius gab die Zeitschrift „Der Wandsbecker Bote" heraus. Von ihm stammt auch das „Abendlied" mit dem berühmt gewordenen Anfangsvers „Der Mond ist aufgegangen". Herder nahm es später in seine Volksliedsammlung auf.

»Lehrer und Reiseprediger«

Eutin - Darmstadt (März - August 1770)

Von Hamburg fuhr Herder weiter nach Kiel, wo er im März 1770 den Erbprinzen Peter Friedrich Wilhelm von Holstein-Gottorp und dessen Oberhofmeister, den Geheimrat von Cappelmann traf. Gemeinsam fuhren sie nach Eutin. Die Stellung bei Hofe war zunächst zufriedenstellend, denn stolz berichtet Herder: „So etwas als meine Predigten hat man noch nicht gehört, und freilich bis auf meine Manschetten

Herder lernt Caroline kennen

auch nicht gesehen; dass das wieder Neider gebe, ist die natürlichste Folge des Weltbaus. ..."
Kurz vor seiner Abreise von Eutin hatte Herder ein lukratives Angebot des Grafen Friedrich Ernst Wilhelm zu Schaumburg-Lippe erhalten, der durch seinen Kammerrat Westfeld anfragen ließ, ob er Oberprediger und Konsistorialrat in Bückeburg werden möchte. Der Graf war durch Herders Abhandlung „Über Thomas Abbts Schriften" auf ihn aufmerksam geworden. Der Schriftsteller Thomas Abbt kam 1765 nach Bückeburg, wurde ein Vertrauter des Grafen, der ihn zum Hofrat, Regierungsrat und Konsistorialrat ernannte. Doch bereits im folgenden Jahr war er kurz vor seinem 28. Geburtstag gestorben.

Im Antrag des Grafen an Herder heißt es: „Die Besoldung ... ist außer einem neuen schönen Wohnhause und tausend andern Bequemlichkeiten gewiss 700 Taler. ..." In dem Fall, dass Herder damit nicht zufrieden ist, wäre auch eine Zulage möglich. Außerdem würde Herder der Beichtvater der Gräfin werden. Die Gegend um Bückeburg sei für einen Mann der Wissenschaften „ungemein vorteilhaft. Die ansehnlichsten Buchhandlungen in Celle, Minden, Hannover, Lemgo sind uns nahe: Göttingen ist nur zwölf Meilen von hier." Herder könne auch an der herrschaftlichen Tafel speisen, und „es ist eine sehr vollständige Büchersammlung hier." In der Theologie habe er völlige Freiheit, zu lehren, was er denke. Auf Wunsch könne er sogar in den weltlichen Stand versetzt werden. Der Graf bezeichnete den Theologen als „eines der ersten Genies Deutschlands." Am 1. September 1770 sollte Herder die Stelle in Bückeburg antreten, aber er bat um Aufschub, denn er musste ja zunächst den 17-jährigen Erbprinzen von Holstein-Gottorp auf dessen Bildungsreise begleiten.

Sie begann am 17. Juli 1770 und führte über Hamburg, Hannover, Göttingen und Kassel zu der landgräflichen Verwandtschaft nach Darmstadt. Dort lernte Herder den Kriegsrat und Schriftsteller Johann Heinrich Merck kennen. Dieser führte ihn in das Haus des Geheimrats Hesse ein. Dort machte Herder die Bekanntschaft mit Caroline Flachsland. Sie war die Tochter eines Amtsverwalters aus Reichenweier im Elsass. Sie lebte als Waise mit zwei Brüdern in Darmstadt, im Haus des Geheimen Rates Hesse, der mit ihrer älteren Schwester verheiratet war. Am Sonntag, dem 19. August 1770, hörte sie Herders Predigt in der Schlosskirche. Schwärmerisch berichtet sie:

„Ich hörte die Stimme eines Engels und Seelenworte, wie ich sie nie gehört! ... Ein Himmlischer in Menschengestalt, stand er vor mir. – Den Nachmittag sah ich ihn, stammelte ihm meinen Dank. ... Von dieser Zeit an waren unsere Seelen nur eins und sind eines: unser Zusammenfinden war Gottes Werk. Inniger können sich die Seelen nicht zusammen verstehen, zusammen gehören. ... Von diesem Tage an sahen wir uns täglich. Ich fühlte ein nie empfundenes Glück – aber auch eine unbeschreibliche Wehmut und Schwermut: ich glaubte, ich würde ihn nie wieder sehen."

Gemeinsam lasen sie Gedichte, z. B. die Oden Klopstocks, pflegten „muntere Schäkerei und Freuden der Gesellschaft". Wie sehr Caroline bald den Arbeitsalltag des Predigers beherrscht, verdeutlicht ein Brief vom 25. Mai 1771. Er schrieb ihr am Schluss: „Leben Sie wohl, ich muss Predigt enden und denn Essen und denn Beicht' – und denn schreibe ich wieder." - Doch nach einem Briefabsatz fährt er fort: „Ich kann nicht Predigt machen; sie mag sich selbst machen, also noch zurück an die süße Unterhaltung mit meiner mir wiedergeschenkten Freundin." Kann man sich eine reizendere Ablenkung vorstellen? Am 23. Mai 1772 schrieb Herder am Schluss seines Briefes an Caroline: „Leben Sie wohl, süße Teilnehmerin meiner Unbehaglichkeit und Albernheiten: ich winde mich um Deinen Schoß und Busen." Zwei Tage später lesen wir bei Caroline: „... In meinem Herzen sind Sie noch immer mein erster, alter, einziger, inniggeliebtester Herder, da ich zum erstenmal auf Ihrem Schoß in Mercks Kämmerchen saß. ... O fühle, fühle alle Glückseligkeit der Erden, Du bist's wert, edelster Jüngling ... Ich liege an Deiner redlichen Brust." Bereits in einem früheren Brief an Caroline meinte Herder: Um sich „gegen das Eitle und Windige in den Wissenschaften zu trösten", sei „nichts in der Welt so gut und weich, ... als der Schoß und Busen einer Freundin." Dies habe schon der weise Salomon erkannt, „doch, ich merke, es ist Zeit, von dieser Materie abzubrechen, bis wir uns mündlich davon unterreden."

»Doktor der Theologie ... oder die Nase durchbohren«

Straßburg (4. September 1770 - Anfang April 1771)

Der zweite Teil der Bildungsreise führte weiter über Mannheim, Heidelberg und Karlsruhe nach Straßburg, wo Herder mit dem Erbprinzen Peter Friedrich Wilhelm von Holstein-Gottorp und dessen Begleitung am 4. September 1770 eintraf. Herder erkannte jedoch auf dieser Reise, dass sie für ihn „mehr ein Opfer und ein Verlust nützlicher Jahre, als wahrer Zweck sein würde". Zudem bemerkte er, dass der Oberhofmeister Geheimrat von Cappelmann einen negativen Einfluss auf den Prinzen ausübte. Herder trennte sich von der adligen Reisegesellschaft, löste den Vertrag und teilte dem Oberhofmeister mit:

„Man hat sich geirret; man hat zu meiner Stelle einen Kandidaten der Theologie haben wollen. ... Ich habe nie um meine gegenwärtige Stelle gesucht; ich habe aber auch nie geglaubt, in Umstände zu kommen, wo ich ... heut' zum Mittagsbrot ohne Tischtuch oder Bedienten, mir selbst unten das Salz erbetteln müsste. Eine nichtswürdige Null oder ein Gespött der Leute zu sein, habe ich weder Lust noch Bedürfnis."

In Straßburg wohnte Herder zunächst im Gasthaus „Zum Geist" an der Ill, in der Nähe der Nikolausbrücke. Unverhofft war auch Goethe dort einquartiert. Anfang Oktober 1770 kam es zur ersten persönlichen Begegnung zwischen dem 26-jährigen Theologen und dem 21-jährigen Jurastudenten. Dieser berichtet:

„Denn das bedeutendste Ereignis, was die wichtigsten Folgen für mich haben sollte, war die Bekanntschaft und die daran sich knüpfende nähere Verbindung mit Herder. Er hatte den Prinzen von

Herder trifft auf Goethe

Holstein-Eutin ... auf Reisen begleitet und war mit ihm bis Straßburg gekommen." Das Glück, ihn zu treffen, begegnete Goethe „zuerst ganz unvermutet und zufällig. Ich war nämlich in den Gasthof ›Zum Geist‹ gegangen. ... Gleich unten an der Treppe fand ich einen Mann, der eben auch hinaufzusteigen im Begriff war, und den ich für einen Geistlichen halten konnte. Sein gepudertes Haar war in eine runde Locke aufgesteckt, das schwarze Kleid bezeichnete ihn gleichfalls, mehr noch aber ein langer, schwarzer, seidner Mantel, dessen Ende er zusammengenommen und in die Tasche gesteckt hatte. Dieses einigermaßen auffallende, aber doch im ganzen galante und gefällige Wesen ... ließ mich keineswegs zweifeln, dass er der berühmte Ankömmling sei. ... Er fragte nach meinem Namen, der ihm von keiner Bedeutung sein konnte; allein meine Offenheit schien ihm zu gefallen, indem er sie mit großer Freundlichkeit erwiderte. ... Er hatte etwas Weiches in seinem Betragen. ... Ein rundes Gesicht, eine bedeutende Stirn, eine etwas stumpfe Nase, einen etwas aufgeworfenen, aber höchst individuell angenehmen, liebenswürdigen Mund. Unter schwarzen Augenbrauen ein Paar kohlschwarze Augen, die ihre Wirkung nicht verfehlten, obgleich das eine rot und entzündet zu sein pflegte."

Herder, der seit seiner Kindheit an einer Tränenfistel litt, ließ sich von dem berühmten Chirurgen Professor Johann Friedrich Lobstein operieren. Dessen medizinische Vorlesungen an der Universität wurden auch von Goethe besucht.
Herder berichtet, er befinde sich „unter den Händen eines Operateurs, ... der mir an der Nase maddert". Ihm wurde der Nasenknochen durchbohrt. Er musste 20 Schnitte und 200 Sondierungen mit Rosshaaren über sich ergehen lassen, mit schmerzhaften Folgen. Ein Pferdehaar wurde eingeführt und musste regelmäßig hin und her bewegt werden, um den Tränenkanal am Zuwachsen zu hindern. Die Operation misslang. In einem Brief an Johann Heinrich Merck berichtet Herder:

„Es war mehr Leichtsinn, dass ich mir die Nase durchbohren ließ, als Bedürfnis; ich wollte doch nicht so ganz wie ein Narr aus Straßburg gehen und zweifelte also, ob ich mir sollte den Narrenhut als Doktor der Theologie aufsetzen lassen, oder die Nase durchbohren. Ich fand eins so ennuyant [verdrießlich, lästig] als das andre, das letzte aber doch in den Folgen nützlicher; ich wählt' es also und nun lieg' ich vor Anker."

Goethe fühlte sich von der Persönlichkeit Herders angezogen und bewunderte seine umfangreichen Kenntnisse und tiefen Einsichten. Er besuchte ihn fast täglich in seinem abgedunkelten Zimmer. Auch assistierte er ihm bei dieser Prozedur. Aber Herder war kein angenehmer Lehrer. Bissig, sarkastisch und gereizt versprühte er seine genialen Einsichten und wies ihn auf Homer, Pindar, Shakespeare, Ossian, auf Hamann, auf die altnordische und altkeltische Dichtkunst sowie auf die Volkspoesie hin. Goethe war von der Universalität Herders fasziniert. Es war ein intensiver Selbstfindungsprozess für Goethe. Herder wurde eine Art Mentor für Goethe und befreite ihn von der tändelnden, rokokohaften Anakreontik. Dankbar erinnerte er sich:

Herder „hatte den Vorhang zerrissen, der mir die Armut der deutschen Literatur bedeckte; er hatte mir so manches Vorurteil mit Grausamkeit zerstört; an dem vaterländischen Himmel blieben nur wenige bedeutende Sterne, indem er die übrigen alle nur als vorüberfahrende Schnuppen behandelte. ... Zu gleicher Zeit jedoch riss er mich fort auf den herrlichen breiten Weg, den er selbst zu durchwandern geneigt war, machte mich aufmerksam auf seine Lieblingsschriftsteller, unter denen Swift und Hamann obenan standen, und schüttelte mich kräftiger auf, als er mich gebeugt hatte."
Herder sah in Goethes Ansichten noch viel Unreifes und belehrte ihn mitunter sehr verletztend. „Er konnte nicht ein Billett schreiben, ... das nicht mit irgendeiner Verhöhnung gewürzt gewesen wäre." Einmal bat Herder Goethe um Ciceros Briefe und bemerkte dazu spöttisch: „Der von Göttern du stammst, von Goten oder vom Kote, Goethe, sende mir sie." – „Es war freilich nicht fein, dass er sich mit meinem Namen diesen Spaß erlaubte." Der sonst aufgeschlossene Goethe verschwieg Herder manches, mit dem er sich heimlich beschäftigte, vor allem die geplanten Dramen, „die sich bei mir einge-

wurzelt hatten und sich nach und nach zu poetischen Gestalten ausbilden wollten." Es waren „Götz von Berlichingen" und „Faust." Ende 1771 sandte Goethe sein Manuskript der Urfassung des „Götz", also „Gottfried von Berlichingen mit der eisernen Hand" zur Beurteilung an Herder. Dessen Einschätzung lautet: „Euch hat Shakespeare ganz verdorben". Dies bestärkte Goethe in seinem Plan, das Drama umzuarbeiten. Die spätere Fassung des „Götz" fand Herders Zustimmung.

Goethe gewöhnte sich an Herders „Schelten und Tadeln", weil er „seine schönen und großen Eigenschaften, seine ausgebreiteten Kenntnisse, seine tiefen Einsichten täglich mehr schätzen lernte. Die Einwirkung dieses gutmütigen Polterers war groß und bedeutend", wie Goethe dankbar erkannte. Durch die Bekanntschaft mit Herder wurde „alles, was in mir von Selbstgefälligkeit, Bespiegelungslust, Eitelkeit, Stolz und Hochmut ruhen oder wirken mochte, einer sehr harten Prüfung ausgesetzt, ... die in ihrer Art einzig, der Zeit keineswegs gemäß und nur desto eindringlicher und empfindlicher war."
Seiner Freundin Caroline Flachsland berichtet Herder: „Goethe ist wirklich ein guter Mensch, nur äußerst leicht ... und spatzenmäßig, worüber er meine ewigen Vorwürfe gehabt hat." Aber „er war der einzige, der mich in Straßburg in meiner Gefangenschaft besuchte und den ich gern sah."

Herder vermittelte ihm auch seine Auffassungen vom Wesen der Sprache, der Dichtung und des Genies. In Straßburg vollendete Herder seine „Abhandlung über den Ursprung der Sprache", die durch eine Preisaufgabe der Berliner Akademie der Wissenschaften veranlasst wurde. Diese lautete: „Sind die Menschen auf Grund ihrer natürlichen Fähigkeiten in der Lage, die Sprache zu erfinden, und mit welchen Mitteln gelangen sie zu dieser Erfindung?" Herders Antwort ist ein kreativer Neuansatz von weitreichender Bedeutung. Seine Antwort geht vom Ursprung der Sprache in tierischen Empfindungslauten aus. Er erklärt: „Schon als Tier hat der Mensch Sprache". Zur menschlichen Sprache wird sie, weil beim Menschen die Art des Empfindens und das Verhältnis von Ausdruck und Empfindung sich von den Tieren unterscheiden. Um den Ursprung der menschlichen

Sprache zu begründen, bedürfe es einer neuen Anthropologie. Herder konzipierte die Gründzüge einer Ausdrucksanthropologie. Darin seien auch die körperlichen Besonderheiten des Menschen zu berücksichtigen, wie der aufrechte Gang, der freie Gebrauch der Hände, die größere Leistungsfähigkeit des Gehirns. Dadurch unterscheidet sich die Struktur des menschlichen Ausdrucks grundsätzlich von dem tierischen. Der Mensch ist zwar den Tieren an Kraft und Stärke unterlegen, hat aber die Möglichkeit, seine angeborenen Fähigkeiten zu üben, sich auszuprobieren und damit zu verbessern. Herder wies nach, dass die Sprache nicht göttlichen Ursprungs sei, sondern im Zusammenhang mit der Entwicklung der menschlichen Vernunft entstanden ist, denn „der Mensch erfand sich selbst die Sprache - aus Tönen lebender Natur - zu Merkmalen seines herrschenden Verstandes! - Und das ist, was ich beweise." Er lies Goethe das Manuskript lesen, der bisher über solche Gegenstände niemals nachgedacht hatte, wie er eingestand. Dazu meinte er: „Herders Abhandlung ging darauf hinaus, zu zeigen, wie der Mensch als Mensch wohl aus eignen Kräften zu einer Sprache gelangen könne und müsse."

Herders Schrift ist die erste historische Sprachtheorie. Er begriff die Sprache als Organ der Selbstgestaltung des Menschen sowie als Grundlage jeder menschlichen Gemeinschaft, jeder Traditionsbildung und fortschreitenden Kulturentwicklung. Die kreative Auseinandersetzung des Menschen mit der Natur, mit seiner Umwelt und mit sich selbst, hätte ohne sein Sprachvermögen nie zu einer kulturellen Hochentwicklung der Menschheit geführt. Erst durch die Ausbildung der Sprache hat der Mensch endgültig den Bannkreis tierischer Abhängigkeit durchbrochen und ist auf die Stufe der Zivilisation gelangt. Erst dadurch erreicht die menschliche Intelligenz ihre Vollkommenheit. Herder empfahl, die Quellen unserer Sprache aufzusuchen, setzte sich für die Erneuerung des alten Wortguts ein und hob den Wert von Luthers Bibelübersetzung hervor. Er kritisierte, dass man die deutsche Sprache „bloß als die Sprache des gemeinen Volks" betrachtete und „ihre Kultur" unterließ, d. h., dass man sie nur auf ein „Knecht- und Mägde-Deutsch" reduzierte. Er verteidigte das Recht der Alltagssprache und machte sich darüber lustig, wenn sich „das gute Mädchen ... Klistier oder Beinkleid zu sagen schämt." Herder bereicherte die Sprache selbst mit ungewöhnlichen Wortschöpfungen und zusammengesetzten Begriffen, wie „Erdenichts", „Freudegöttin", „Frühlingsunschuldsblume", „Himmelsunschuldsengel", „Hohnlüge", „Ideenbildhauer", „Kitzelphilosoph", „Kleinling", „Mitternachtsumarmung", „Nachplaudergeschichte", „Papierkultur", „Regkraft", „Tadeltraum", „Tatensiegesbahn", „Ziehwolke", aber die wenigsten dieser Neuprägungen haben sich eingebürgert. Jedoch verdanken wir ihm die Begriffe „Volkslied" und „Zeitgeist". Der Begriff „Zeitgeist" wurde auch ins Englische übernommen. Auch das Zitat „Eine schöne Menschenseele finden ist Gewinn" geht auf Herder zurück. In den Briefen an seine Jugendfreunde bediente sich Herder mitunter einer derben Ausdrucksweise. So berichtete er dem Rigaer Zollkontrolleur Begrow im November 1770: „Wie viel hätte ich Ihnen, mein lieber guter Begrow nicht zu erzählen, aus Frankreich, Holland, Deutschland – und von so vielen hochfürstlichen Höfen, und von so vielen großen und kleinen Städten, Flecken und Dörfern, und A[rsch]-Löchern und andern Löchern. ..."

Herder preist die wunderbare Kraft des Volksliedes, „die Entzückung, die Triebfeder, der ewige Erb- und Lustgesang des Volks", und forderte zum Sammeln dieser Lieder auf: „Sie glauben, dass auch wir Deutschen mehr solche Gedichte hätten, als ich mit der schottischen Romanze angeführet; ich glaube nicht allein, sondern ich weiß es. In mehr als einer Provinz sind mir Volkslieder, Provinziallieder, Bauernlieder bekannt, die an Lebhaftigkeit und Rhythmus, und Naivität und Stärke der Sprache vielen derselben gewiss nichts nachgeben würden; nur wer ist, der sie sammle? der sich um sie bekümmre? sich um Lieder des Volks bekümmre? auf Straßen und Gassen und Fischmärkten? im ungelehrten Rundgesange des Landvolks?"

Dadurch angeregt, sammelte Goethe im Elsass zwölf Volkslieder, die er „aus den Kehlen der ältesten Mütterchens aufgehascht habe". Herder nahm davon drei in seine Volksliedersammlung auf. Diese Anthologie erhielt später den Titel „Stimmen der Völker in Liedern". Mit der Hinwendung zum Volkslied setzte eine neue volksverbunde-

ne Lyrik ein. Herder kannte auch das Volkslied „Es sah ein Knab' ein Röslein stehn". Nach dieser Vorlage dichtete Goethe sein Heidenröslein, das Franz Schubert später vertonte.
Durch Herder hatte Goethe erkannt, „dass die Dichtkunst überhaupt eine Welt- und Völkergabe sei, nicht ein Privaterbteil einiger feinen, gebildeten Männer. Ich verschlang das alles, und je heftiger ich im Empfangen, desto freigiebiger war er im Geben, und wir brachten die interessantesten Stunden zusammen zu." Herder wurde sein wichtigster Ratgeber in dieser Zeit und vermittelte ihm das theoretische Rüstzeug, um Neues und Bahnbrechendes zu schaffen. Später bewertete er diese Begegnung zusammenfassend: „Was die Fülle dieser wenigen Wochen betrifft, welche wir zusammen lebten, kann ich wohl sagen, dass alles, was Herder nachher allmählich ausgeführt hat, im Keim angedeutet ward, und dass ich dadurch in die glückliche Lage geriet, alles, was ich bisher gedacht, gelernt, mir zugeeignet hatte, zu komplettieren, an ein Höheres anzuknüpfen, zu erweitern."

Ein kreatives Ergebnis dieser bedeutsamen und zukunftsweisenden Bekanntschaft zwischen Herder und Goethe ist die Publikation „Von deutscher Art und Kunst", an der auch Goethe mitarbeitete. Sie erschien 1773 und wurde zur programmatischen Schrift des Sturm und Drang. Zwei Beiträge sind von Herder, der „Auszug aus einem Briefwechsel über Ossian und die Lieder alter Völker", sowie ein Aufsatz über Shakespeare. Für Herder verkörperte Shakespeare den Prototyp eines ›Originalgenies‹. Von Goethe stammt der Aufsatz „Von deutscher Baukunst", in dem er den Erbauer des Straßburger Münsters Erwin von Steinbach würdigt. Außerdem enthält diese Schrift einen „Versuch über die gotische Baukunst" von Paolo Frisi sowie eine Abhandlung von Justus Möser über die deutsche Geschichte. Goethe bewertete diese programmatische Schrift als den Beginn einer „deutschen literarischen Revolution".

Anfang April 1771 verließ Herder Straßburg. Zunächst fuhr er nach Karlsruhe, um auf Wunsch der Markgräfin von Baden zu predigen. Anschließend reiste er nach Darmstadt, wo er Caroline wiedersah. Von dort fuhr er nach Frankfurt am Main, um Goethes Eltern zu besuchen.

»Begraben unter Büchern und gelehrtem Staub«

Bückeburg 1771 - 1776

Am 2. Dezember 1770 hatte Herder verkündet: „... ich bereite mich vor, meinen Winter in Bückeburg, begraben unter Büchern und gelehrtem Staub, ägyptisch, griechisch, hebräisch, zu verbringen." Inzwischen war es Frühling geworden. Am 28. April 1771, abends sieben Uhr, traf Herder in Bückeburg ein, der Residenzstadt der Grafschaft Schaumburg-Lippe. Die Einwohner staunten nicht schlecht, als der neue Oberpfarrer der Kutsche entstieg, denn er kam nicht im geistlichen Ornat, sondern er trug ein himmelblaues, mit Gold besetztes Gewand. Dazu eine weiße Weste und einen weißen Hut. Der Graf Friedrich Ernst Wilhelm hatte ihn bereits erwartet, aber Herder wollte nicht unrasiert und unfrisiert erscheinen und verlangte nach einem Barbier und einem Friseur. So wurde es neun Uhr abends, als Herder ins Schloss ging. Der Graf, der an schnelle militärische Erfüllung seiner Befehle gewohnt war, empfing den neuen geistlichen Herrn wegen dieser Verspätung sehr kühl. Herder sollte die Stelle einnehmen, die der verstorbene Schriftsteller und Konsistorialrat Thomas Abbt eingenommen hatte. Der Graf brauchte vor allem einen geduldigen Zuhörer, aber Herder war zu sehr Selbstdenker, als dass er dessen Meinung ertrug, ohne zu widersprechen.
Die 1615 erbaute protestantische Stadtkirche in Bückeburg gehört zu den schönsten sakralen Baudenkmälern jener Zeit. Hier hielt Herder am 5. Mai 1771 seine Antrittspredigt. Er wolle ein Lehrer der Menschheit im Geiste der Religion sein, ein Führer zu menschlicher Tugend und Glückseligkeit. Den toten Formel- und Bekenntnisglauben lehnte er ab und kritisierte die „träge, gedankenlose Maschinen-Andacht." Seine Zuhörer verstanden ihn nicht.

Für seine „Abhandlung über den Ursprung der Sprache" wurde ihm im Juni 1771 der Preis der Berliner Akademie zuerkannt, doch Herder

Herder am Schreibtisch

reagierte darauf merkwürdig kühl: „Der Preis der Akademie hat mich wahrhaftig, ich weiß nicht wie, wenig gerührt! Ich kam von Lemgo, müde, spät, durchregnet; fand den Brief und legte ihn ruhig weg: den ganzen Tag hatte schon der Kabinettssekretär des Herrn auf mich gewartet, um mir, wenn ich's nicht wüsste, zu sagen. Viel mehr fürchte ich wieder auch bei dem Dinge vielen Widerspruch, Fragen und Streitschriften. Es ist voll neuer Sätze, wirft ganze Wissenschaften von Lieblingsideen über den Haufen." Herder befürchtete auch, dass es viele Neider gebe. Er dachte an den peinlichen Streit mit Klotz und scheute eine neue literarische Auseinandersetzung. Der Graf war stolz, dass er so einen berühmten Gelehrten an seinem Hof hatte, aber dennoch kam es zu keiner wirklichen Annäherung.

Johann Georg Hamann war mit Herders Schrift nicht einverstanden und kritisierte den Verfasser, denn Hamann zweifelte nicht am göttlichen Ursprung der Sprache. Herder war verletzt, aber sein Verleger Hartknoch vermittelte zwischen den beiden alten Königsberger Freunden.

Herders hochfliegende Pläne und sein Streben nach Wirksamkeit konnten sich in der kleinen Residenzstadt Bückeburg, die nur etwa 2000 Einwohner hatte, nicht entfalten. So klagte er bereits vier Monate nach seiner Ankunft in einem Brief an Caroline:

„Ein Pastor ohne Gemein(d)e! ein Patron der Schulen ohne Schulen! Konsistorialrat ohne Konsistorium – sehen Sie, was ich bin und sein muss. Alle meine Lieblingsideen von Predigtamt sind zum Teil an diesem Ort vernichtet, werden mir wenigstens immer, wenn ich ihn und meinen Zuschnitt hier ansehe, vernichtet; und jede neue Predigt mir schon zum Teil ekel. ... Durch den Weg der Gesellschaft, der Sozietät, etwas kennenzulernen, ist hier nicht [der] Ort; auf andern Wegen hab' ich keine Talente, und wie gesagt, keinen Ruf. So bleibts. Das Zeug der elenden Räte sieht mich für einen Missvergnügten, zu feinen, oder zu groben, zu geraden, zu dreisten, und also mit aller Hochachtung als einen Dorn sich im Auge an, für den niemand so leicht Niederträchtigkeit begehen kann, ohne dass er knirschet oder redet. Vom großen Haufen guter Leute bin ich aus angeführten Ursachen und aus andern mehr abgesondert, und einen Mittelstand gibt's hier nicht. Als Republik betrachtet, ein Häufchen äußerst verdorbner und der größten, größten Zahl nach armer und elender Menschen, in einem so glücklichen Lande. Möchte uns der liebe Gott nicht so überflüssig viel und gutes Brot wachsen lassen, so könnten wir von Soldaten und befestigten Inseln leben."

Der Graf Wilhelm zu Schaumburg-Lippe hatte sich als Feldherr und Heeresorganisator einen bedeutenden Ruf erworben und die Festung Wilhelmstein auf einer künstlichen Insel im Steinhuder Meer errichten lassen. Hier hatte er eine Kriegs- und Ingenieurschule gegründet, an der während Herders Bückeburger Zeit Gerhard von Scharnhorst ausgebildet wurde, der später preußischer General wurde. Die Festung Wilhelmstein musste immer kriegsbereit sein, obwohl kein Krieg drohte. Der Graf hatte auch die allgemeine Wehrpflicht eingeführt und unterhielt etwa 2000 Soldaten. Aber für die Verbesserung des Schulwesens war kein Geld da, worüber sich Herder ärgerte. So stellte er im August 1772 fest: „Meine Situation ge-

gen den Grafen ist noch immer dieselbe: unkenntlich, entfernt, nicht füreinander." Aber dessen Gemahlin, die pietistisch erzogene, sensible Gräfin Maria, war dem Prediger sehr zugetan. Für sie empfand Herder eine „sonderbare schwärmerisch heilige" Freundschaft.
Erholung fand Herder in der reizvollen Umgebung. Er unternahm Spaziergänge oder setzte sich aufs Pferd und durchstreifte die Landschaft um Bückeburg. Am 22. Juni 1771 teilte er Caroline Flachsland mit:

„Seit fast 14 Tagen habe ich ... die grässlichsten Zähnschmerzen, die man sich nur im Höllenreich denken kann: vermutlich ein Fluss, den ich mir bei meinen Nachtschwärmereien auf kalter Erde, und unter kühlendem Himmel zugezogen hatte, und der bei meinem neulichen Ritt nach Lemgo, (6 lange westfälische Meilen dahin in der größesten Sonnenhitze, und 6 Meilen zurück in Wind und Regen) ausbrach. Da habe ich nun elende Stunden des Tages, und noch elendere die Nacht: habe schon alles versucht, gläubige und abergläubige Mittel, Lindigkeiten und Barbareien, bis aufs Ausbrennen usw. und nun bleibt mir nichts, als Geduld, oder die Spitzen der Wurzeln aus der Höhle heraussuchen zu lassen. Noch habe ich letztern Sonntag damit gepredigt, und den Geburtstag der Gräfin bei Hofe zelebrieren helfen (wobei Ariadne auf Naxos in Musik aufgeführt wurde, die mich, mehr vielleicht dem Text und der Situation nach, als immer wegen der Musik unendlich gerührt und hier und da recht erschüttert hat), aber morgen kann ich nicht mehr und lasse für mich predigen. So unwürdig sind nun wieder fast 14 Tage und Nächte in meinem Lebensbuch angezeichnet; wenigstens so ungenossen: denn ich nehme wenige Ruhestunden und heitre Augenblicke aus, ist doch das übrige in dem dunkeln Bewusstsein des Nichtwohlbefindens verlebt, und dies Bewusstsein ist schon für mich Marter. Die Zwischenstunden sind der Lektüre einiger neuen Sachen gewidmet, aber bedrückt und zerstreuet!
Das schönste, schönste Stück und was auf mich den meisten Eindruck gemacht, ist die Fräulein Sternheim, die Wieland herausgegeben. Vielleicht können Sie mir historische Nachrichten geben, wer dies Stück geschrieben hat, ob würklich seine Freundin, wie ich fast

glaube, oder er, in den Zeiten, da er noch etwas ernsthafter und feierlicher dachte; aber, sei Verfasser, wer wolle, für mich hat das durchgehende Dämmernde, Dunkle, und Moralischrührende eine Würde, eine Hoheit, die ich lange, lange nicht gefunden. Ich will, wenn die Geschichte fortgesetzt und geendigt wird, gern dies Stück 3 Mal lesen, ehe Amadis, den schönen, und von einer Seite des menschlichen Herzens, aber auch wahrhaftig nicht von mehr, sehr nützlichen Amadis einmal! und das Buch widerlegt Wieland offenbar, dass es außer der bloß *leichten* Schönheit einer menschlichen Seele wahrhaftig eine höhere, ernsthaftere, rührende Grazie gibt, die wahrhaftig noch keine Betschwester ist! und mich unendlich mehr rühret!"

Dieses Buch, von dem Herder so begeistert spricht, ist die „Geschichte des Fräuleins von Sternheim". Es war der erste Frauenroman in Deutschland, und die Verfasserin ist Sophie von La Roche. Sie wurde damit schlagartig berühmt und zur erfolgreichsten deutschen Schriftstellerin des 18. Jahrhunderts. Bereits im Erscheinungsjahr 1771 erlebte der Roman drei Auflagen und wurde bald ins Englische, Französische, Holländische und sogar ins Russische übersetzt. Ein Erfolg der Aufklärungsbewegung war die Entstehung eines weiblichen Lesepublikums.

Für seine Zahnschmerzen erhoffte Herder Linderung in Pyrmont (heute Bad Pyrmont). Seine Freundin Caroline Flachsland schrieb ihm: „Es freut mich, dass Sie nach Pyrmont ... gehen; machen Sie sich lustig beim Brunnen, und trinken Sie das garstige Zahnweh auf immer hinweg, und dafür ein bisschen Sans Souci." Doch auf Grund zahlreicher Amtsgeschäfte musste er die geplante Brunnenkur verschieben. Erst im Sommer 1772 lernte Herder den berühmten Badeort im Weserbergland kennen, den er insgesamt fünfmal besuchte. Begeistert berichtet er, er sei „jetzt auf dem Lande, in der schönsten, kühnsten, deutschesten, romantischsten Gegend von der Welt. Eben das Feld, wo Hermann focht und Varus geschlagen ward; ..." Die Seele werde eingestimmt, „dass es eine schöne, rauhe deutsche Natur gebe; nicht Traubengebirge und Zedernhaine, aber kühnen Forst, Haine und Buchen und Würfe des Erdballs. Nur, wie sehr sind immer die Menschen der deutschen schönen Natur unähnlich." Pyrmont sei „ein großer Arzneitiegel der Natur". Hier fand Herder alle Arten von gesundem Wasser: „Stahlbrunnen, Sauerbrunnen, Salzbrunnen, Schwefelbad." Von Bückeburg aus war Herder mit dem Pferd nach Pyrmont geritten. Er fühlte sich neu erquickt. Die Gesellschaft vermisste er nicht. „Jeden Morgen sind frische Rosen aufgeblüht, um meinen Gesundbecher zu kränzen. ... Abends kommt denn der freundliche Mond, der durch die Hermannswälder mich aufsucht. ... Ist diese Welt nicht schön, wie dumme Leute es gibt, die nichts von ihr fühlen! Feldtiere und Kottiere!"

Hier haben wir zugleich die erste tief empfundene Naturschilderung Herders. Während der Kur las er zwei Erzählungen von Denis Diderot und Wielands Roman „Der goldne Spiegel", der ihm förmlich „aus der Hand gerissen" wurde. Auch Goethes „Götz von Berlichingen" erwähnt er, aber ansonsten trinke er das gesunde Brunnenwasser. Herder logierte während seiner Kuraufenthalte im Haus des Kaufmanns Deiken, nahe dem Brunnenplatz.
Carolines Reize waren bis zu Matthias Claudius nach Wandsbek bei Hamburg gedrungen. Dieser schrieb an Herder: „Ihr Mädchen ist, hab' ich gehört, aus Veilchenduft und Mondschein zusammengewebt."
In Darmstadt hatte sich Anfang 1772 ein Kreis der Empfindsamen zusammengefunden, die einen schwärmerischen Freundschaftskult pflegten. Sie verband ein gemeinsames Lebensgefühl: große Begeisterung für die Literatur und Naturschwärmerei. Das Gefühl wurde als die eigentliche Triebfeder menschlichen Handelns bewertet. Dazu gehörten drei junge Damen, die sich neue Namen gegeben hatten: Caroline Flachsland wurde »Psyche« genannt, nach einer literarischen Gestalt aus Wielands Roman „Geschichte des Agathon". Sie teilte Herder mit: „Sobald ich außer dem Bette bin, lese ich meinen Liebling Agathon." Und in einem anderen Brief seufzt sie: „Wenn wir schon nicht wie Agathon und Psyche beim Mondschein zusammen fliegen können, so ist doch jeder Gedanke an Dich ... Umarmung für mich." Auch die anderen Damen der Gesellschaft erhielten poetische Namen, die das Spiegelbild ihrer Seele ausdrücken sollten. Das Hoffräulein Henriette von Roussillon wurde „Urania" genannt, und Luise

von Ziegler erhielt den Namen „Lila". Das Haus von Johann Heinrich Merck bildete den Mittelpunkt ihrer Zusammenkünfte. Herder, der den Beinahmen „Dechant" erhielt, schrieb auch Gedichte für Caroline. Schwärmerisch nannte er sie ebenfalls „Psyche", aber auch „Freudegöttin", „süße Liebesgöttin", „meine Süßeste, die beste Freundin", „Himmelsunschuldsengel" und „Frühlingsunschuldsblume". Wenn die Schwärmerei zu lebhaft wird, möchte er „das gerötete holde Mädchen weiß ... küssen", damit die Rose zu einer Lilie wird. Zurück in die Realität versetzt, gesteht er ihr dann: „Ach, ich könnte mich noch lange, lange meinem Traum überlassen, so in elenden Versen fortzutraben! Gewisse Gedanken und Bilder werden von selbst Reime, aber freilich bei mir keine Petrarchische[n]. G'nug, sie sind Ausflüsse der Seele, und für mein süßes Mädchen, das da noch, wie eine verhüllte Heilige vor mir sitzet, ist ein Geschenk des Herzens ein schöneres Opfer, als die Kunst der Phantasie und des Nachdenkens."

Im Frühjahr 1772 wurde Goethe dort eingeführt und Caroline war begeistert von ihm. Die Empfindsamen unternahmen gemeinsame Spaziergänge. Dabei hatte sich jede Freundin im nahe gelegenen Bessunger Wald einen Hügel ausgewählt. Auch Goethe hatte sich dort einen Felsen zugeeignet und seinen Namen eingeritzt. Im Mai 1772 dichtete er für Caroline Flachsland das Gedicht „Felsweihegesang. An Psyche". Herder reagierte darauf eifersüchtig und gekränkt. Er verfasste daraufhin ein Briefgedicht, eine Parodie auf Goethes „Felsweihegesang". Darin bezeichnet er ihn als „irren Götzenpriester", der mit „frecher Hand" dem Felsen seinen Namen aufzwang. Als Goethe davon erfuhr, nannte er Herder erzürnt „einen intoleranten Pfaffen".

Durch die Unentschlossenheit Herders, der aus finanziellen Gründen noch keine Familie gründen konnte, zweifelte Caroline an ihrer gemeinsamen Zukunft. Die Kosten seiner Kur und der Aufenthalt in Straßburg waren beträchtlich gewesen. Goethe hatte ihm Geld geborgt. Aber vor allem sein Verleger Hartknoch aus Riga gewährte ihm Vorschüsse. Herder war nicht sparsam und hatte neue Schulden angehäuft. Viele Bücher, die er sich besorgt hatte, waren noch nicht bezahlt. Da half ihm sein Verleger erneut aus der Klemme. Er hatte ihm ja bereits die große Seereise finanziell ermöglicht. Jetzt unterstützte er ihn auch bei der Gründung eines Hausstandes, doch er ermahnte ihn eindringlich:

„Heiraten Sie nun in Gottes Namen Ihr Mädchen! Schränken Sie sich aber immer etwas ein! Nach dem zu schließen, wie ich Sie hier kannte, sind Sie gar zu groß zu leben gewöhnt, und das taugt nicht viel. Nehmen Sie mir diese Lehre nicht übel. Das müssen Sie selbst gestehen, dass Sie kein Wirt sind."

Jetzt wagte Herder den Schritt zur Verlobung. Nach einer arbeitsvollen Osterwoche reiste er Ende April 1773 nach Darmstadt, wo am 2. Mai die Hochzeit stattfand. Goethe nahm daran teil und hatte einen Polterabendscherz gedichtet. Er nannte ihn „Ein Fastnachtsspiel, auch wohl zu tragieren nach Ostern, von Pater Brey, dem falschen Propheten". Die Hochzeitsreise führte das Brautpaar zunächst nach Frankfurt, wo sie Goethes Eltern besuchten. Danach fuhren sie weiter nach Kassel und nach Göttingen, wo sie Herders Freund, Professor Christian Gottlob Heyne, und dessen Frau aufsuchten. Am 23. Mai 1773 traf das frisch vermählte Paar in Bückeburg ein. Herder war mit 600 Talern Schulden in die Ehe getreten. Dennoch begann jetzt eine glückliche Zeit. Seine „Lina" - Herders Kosename für Caroline sei

„*Blauäugig* wie das Himmelszelt,
ein *schwebender Engel* auf dieser Welt -"

Caroline schreibt: „Die dreiundeinhalb Jahre, die wir da zusammen verlebten, waren die paradiesischen Jahre unseres häuslichen Glücks, die goldene Zeit meiner Ehe." Erfreulich gestaltete sich auch ihr Verhältnis zum Hof, denn die Gräfin Maria schätzte die Gattin ihres verehrten Seelsorgers.

Zu seiner literarischen und philosophischen Arbeit meinte Herder noch im Juli 1773: „Die meinige stockt noch immer, wird aber bald desto mehr losbrechen." Und tatsächlich, der frisch vermählte Ehemann entfaltete jetzt eine erstaunliche Produktivität, auch um Geld zu beschaffen und seine Schulden zu begleichen. Er schreibt: „Ich sitze hier und arbeite wie ein Pferd." Bereits im August konnte er seinem Verleger mitteilen: „Endlich, mein lieber Hartknoch, kann ich Ihnen antworten: denn eins meiner Bücher ist fertig, dazu ein sehr schönes: [Es] heißt: »Auch eine Philosophie der Geschichte zur Bildung der Menschheit«". Er nannte es einen „Beitrag zu vielen Beiträgen des Jahrhunderts" und erklärte: „Es ist Feuer darin und glühende Kohlen auf die Schädel unsres Jahrhunderts."

Diese Schrift ist der erste programmatische Entwurf von Herders Geschichtsphilosophie. Darin vertritt er, von der dogmatischen Bibelgläubigkeit Hamanns beeinflusst, die Auffassung, dass der Gang der Geschichte durch die göttliche Vorsehung bestimmt wurde und bestimmt werde. Herder legt den Grundstein für die reiche Entfaltung der Geschichtsphilosophie und mit ihr für die historischen Wissenschaften in der Folgezeit. Herders Geschichtsphilosophie besitzt universellen Charakter und reicht von den Ursprüngen der Menschheit bis in seine Zeit. Dabei bezieht er alle geschichtlichen Völker in die Betrachtung ein. Mit Herder beginnt das moderne Geschichtsbewusstsein, die Fähigkeit zur historischen Empathie. Er sieht die Geschichte als individuelle Entfaltung der Völker und als fortschreitendes Wachstum zu einer höchsten, von Gott eingegebenen Humanität. Jedes Volk habe seinen Mittelpunkt in sich selbst und ordne sich doch gleichzeitig in einen übergeordneten Zusammenhang ein, der die Kontinuität der Menschengeschichte gewährleistet. Dieses Werk ist zugleich eine heftige Streitschrift gegen den Zeitgeist. Es sei töricht, zu glauben, man habe es durch eigenen Fortschritt in der Welt so herrlich weit gebracht, dass man die kalte Gegenwart über alles loben dürfe. In deutlicher Anspielung auf den französischen Philosophen Lamettrie, der den Menschen als Maschine, das Denken als eine Funktion des Gehirns und die Religion als überflüssig betrachtete, entgegnete Herder: „Der Maschine ist die Lust zu leben, zu wirken, menschlich edel und guttätig, vergnügt zu leben, verschwunden." Notwendig sei jedoch „Herz! Wärme! Blut! Menschheit! Leben!" Es ist Herders Abneigung gegen die kalte Vernunft der

Aufklärung, gegen die rationalistische Umdeutung der wirkenden Natur in rein mechanische Vorgänge. Im Zuge solcher Mechanisierung sei das Leben seiner wahren Impulse beraubt und habe das Dasein seinen eigentlichen Sinn verloren. „Der ganze Erdboden wird Misthaufen, auf dem wir Körner suchen und krähen! Philosophie des Jahrhunderts!" Herder leugnet zwar nicht den Fortschritt der Weltgeschichte, erklärt jedoch, dass wir dessen Ziel nicht erkennen können, sondern nur fromm zu ahnen und zu glauben vermögen. Jede Nation, jede Zeit sei aus ihrem Geist zu verstehen und zu würdigen und habe den Mittelpunkt ihrer Glückseligkeit in sich selbst. Am Schluss seiner Streitschrift prophezeit Herder begeistert, dass nach der Aufklärung ein Zeitalter der Religion kommen wird, in dem Wahrheit, Wohlwollen und die Glückseligkeit der Menschheit gelingen werden.

In dieser Zeit fasste Herder auch den Plan, seine Volksliedersammlung herauszugeben. Im September 1773 teilte er seinem Verleger Hartknoch mit:
„Ferner bekommen Sie ein Bändchen alte ›Volkslieder‹, Englische und Deutsche, jene, versteht sich übersetzt; deren Sie sich selbst, wie viele andere, sehr erfreuen werden." Bereits einen Monat später sandte Herder das Manuskript an die Druckerei. Darunter befand sich auch das „Ännchen von Tharau", das er ins Hochdeutsche übertragen hatte. Doch bemerkte er dazu: „Es hat sehr verloren, da ich's aus seinem treuherzigen, starken, naiven Volksdialekt ins liebe Hochdeutsch habe verpflanzen müssen, ob ich gleich, so viel möglich war, nichts geändert. Das Lied ist von Simon Dach". Doch inzwischen bekam Herder abfällige und gehässige Kritiken zu lesen, die seine Bemühungen um die Volksliedforschung missbilligten. So stellte der Göttinger Historiker August Ludwig Schlözer in einem Pamphlet die Frage, wie denn eine so weltliche Beschäftigung wie die mit dem Liedgut des Volkes sich mit Herders Frömmigkeit und theologischer Position vereinbare. Angriffe kamen auch von Johann Georg Sulzer und besonders von dem Berliner Aufklärer Friedrich Nicolai. Diese Angriffe verunsicherten Herder so sehr, dass er sein Manuskript vom Verleger zurückforderte: „Die Volkslieder lasse [ich] mir zurückkom-

men; ich muss noch ändern und den Druckfehlern [zu]vorkommen; sonst ist's ein Greuel", schrieb Herder an Hartknoch. Herder änderte und korrigierte zwar einiges, doch eine Veröffentlichung wagte er nun nicht mehr und erklärte: „Die Volkslieder gebe ich ungern heraus, bis das Publikum etwas liebfreundlicher gestimmt ist. Auch Herders Frau nahm an seinem Volksliedinteresse lebhaften Anteil und hatte auf seine Veranlassung ein handschriftliches Liederbuch zusammengestellt. Doch jetzt teilte sie seinen Verdruss und schrieb am 11. Februar 1775 an den Verleger: „Ich bin heute der Sekretär von meinem Mann und habe auch ein Wort von ihm zu sagen. ... Er hat's Ihnen neulich schon geschrieben, dass diese Messe die Volkslieder nicht heraus sollen, ich soll es Ihnen noch wiederholen, dass dringende Ursachen es wollen, dass sie gar nicht herauskommen."

Erst als Gottfried August Bürger nachdrücklich wünschte, „dass doch endlich ein deutscher Percy aufstehen" möge, um „die Überbleibsel unserer alten Volkslieder" zu sammeln, und als der Dichter Gleim Herder bedrängte: „Um meines hohen Alters Willen, teurer Mann, ich bitte, geben Sie doch bald Ihre Volkslieder!", beeilte sich Herder, die Sammlung zu veröffentlichen, die 1778 und 1779 in zwei Teilen erschien. Auch dabei unterstützte ihn seine Frau.
Doch inzwischen hatte der Berliner Schriftsteller Friedrich Nicolai ebenfalls eine zweiteilige Sammlung von Volksliedern veröffentlicht. Darin verunglimpfte er die neue Begeisterung für die alten Volksweisen, indem er neben vielen echten Volksliedern auch eine Reihe obszöner und plumper Gassenhauer zusammenstellte. Schon die mittelalterliche Schreibweise wirkte lächerlich. Nicolais Sammlung trägt den umständlichen und grässlich entstellten Titel:

»Eyn feyner kleyner Almanach Vol Schönerr echterr ljblicherr Volckslјder, lustigerr Reyen unndt kleglicherr Mordgeschichten, gesungenn von Gabryel Wunderlich weyl. Benkelsengerrn tzu Dessaw, heraußgegebenn von Danyel Seuberlich, Schusternn tzu Ritzmück ann der Elbe«

Herder erwiderte darauf: „Noch neulich ist eine Schüssel voll Schlamm öffentlich aufgetragen, damit die Nation ja nicht zu etwas

Herder und Caroline

Besserm Lust bekomme." Er spricht von den „faulen Bäuchen unsrer Literatur", die das Volkslied „so lächerlich und possierlich finden." Doch trotz aller Angriffe wurde Herder zum Wegbereiter der Volksliedforschung und der wissenschaftlichen Beschäftigung mit den Völkern und deren kulturellen Leistungen. Er verwendete bereits die Begriffe „Völkerforscher" und „Völkerkunde" und kann als Vorläufer einer kulturhistorisch orientierten Ethnographie und Volkskundeforschung in Deutschland gelten. Herders Volksliedsammlung bekam später den Titel „Stimmen der Völker in Liedern“ und enthält 172 europäische und außereuropäische Volkslieder. Neben deutschem Liedgut verzeichnet die Sammlung auch Gesänge aus Peru und Grönland, aus Lappland, Estland, Italien, Griechenland, Spanien, Frankreich, Dänemark, Schottland und England, geheimnisvolle Klänge der Edda sowie Beispiele alter nordischer Poesie. Herder nahm auch volksliedhafte Lyrik von Goethe, Shakespeare, Martin Opitz, Paul Fleming, Simon Dach u. a. in seine Sammlung auf. Die „Stimmen der Völker in Liedern“ sind ein poetisches Blumengebinde, und Herder ist gewissermaßen der Florist, dem die Musen die Blumen pflückten. Von 1774 bis 1776 entstand Herders „Älteste Urkunde des Menschengeschlechts“. Damit meint er den Schöpfungsbericht der Genesis und erläutert seine Auffassung über die Anfangskapitel des ersten Buchs Moses und über die Weisheit des alten Orients. Herders Polemik richtet sich vor allem gegen den Göttinger Orientalisten Johann David Michaelis und dessen blasse Übersetzung und flache Auslegung des Alten Testaments. Herder kritisierte die geistlosen Deutungen und Hirngespinste über die Schöpfungsgeschichte, wie sie von den bisherigen Theologen vorgetragen wurden. Dagegen habe Herder bereits vor Jahren eine eminent wichtige Entdeckung gemacht, die er in dieser Schrift triumphierend verkündet. Der Schlüssel zu diesem Schöpfungsbericht und damit die Erklärung für die Weltschöpfung liege im Aufgang der Morgenröte begründet, im Anbruch des werdenden Tages, denn jeden Morgen sehe man das große Werk, die Schöpferkraft Gottes in der Natur. Dies sei ein Spiegelbild für die Entstehung der Welt und damit die ursprünglichste, herrlichste Gottesoffenbarung, worin er sich allen Menschen zu erkennen gibt, ja ein Denkmal Gottes selbst. Aus diesem Anblick stammen die Motive zu jenem biblischen Gemälde von der Erdschöpfung. Deshalb sei die Schöpfungsgeschichte der Genesis auch nicht von Moses verfasst, sondern bereits so alt wie die Welt und damit das älteste Dokument der Menschheit. Erst durch ägyptische Hieroglyphen sei sie dem Gesetzgeber der Israeliten bekannt geworden. Mit dieser Entdeckung glaubte Herder, die verborgenen Anfänge des

Menschengeschlechts sowie die Einheit der ältesten Geistesgeschichte nachgewiesen und enthüllt zu haben. In der Anordnung des Schöpfungsberichts erkannte er eine geheimnisvolle Bilderschrift, eine Hieroglyphe, geteilt nach der heiligen Siebenzahl und wie ein Sechseck um einen Mittelpunkt gestellt; das Sinnbild des Siebentagewerkes. Herder war von der Bedeutung seiner Entdeckung überzeugt und teilte Johann Georg Hamann mit: „Ein Teil wird schreien, ein ander[er] Teil es aus altem Vorurteil anstaunen, was kümmert's mich? Das Weizenkorn darin muss ersterben, wenn's Frucht bringen soll, das andre ist Schlaube, Hülse, Unrat, Mists und Erde, unter dem es wächst - denn wahrlich vor Gott! allein dazu hab ich's geschrieben. ... Die magre Bibel wird alle 7 Wissenschaften der Alten und 1000 der Neuen Welt, wie die fetten Kühe Pharaons in sich schlucken - denn wird sich aber die Not erst anheben - bis ein Tag kommt, der durch Facta und Acta alles entsiegelt. Glücklich, von fern dazu vorbereitet, verkündigt, beigetragen zu haben. Ich bin nun einmal *der* Wissenschaften Diener, aber treulich will ich ihnen dienen."

Nach dem Erscheinen der „Ältesten Urkunde des Menschengeschlechts" schrieb Wieland an Friedrich Heinrich Jacobi: „Herder, gestehen wir's in Gottes Namen, ist ein Narr, der vor großer Weisheit raset". Während Goethe, Hamann, Matthias Claudius, Lavater und Christian Gottlob Heyne Herders Schrift schwärmerisch lobten, äußerten sich Kant, Nicolai und Johann Heinrich Merck distanziert bis ablehnend.

Caroline Herder berichtet, dass sich ihr Mann für dieses Werk in der frühesten Morgenstunde, oft schon um vier Uhr, an die Arbeit geschlichen habe. „Er war in der schönsten Stimmung - heiter, ernst, still, erhaben. Rastlos arbeitete er fort. Ich erinnere mich noch deutlich, dass er den ersten Teil in sechs Wochen vollendete. Es waren einzige, glückliche, unvergessliche Tage." Verständnisvoll unterstützte sie ihn.

In Bückeburg verfasste Herder eine Vielzahl theologischer Schriften, wie die „Provinzialblätter an Prediger" und die „Erläuterungen zum Neuen Testament aus einer neueröffneten morgenländischen Quelle." Außerdem beteiligte er sich wieder an zwei Preisaufgaben der Berliner Akademie. Die erste Abhandlung „Übers Erkennen und Empfinden in der menschlichen Seele" wurde abgelehnt, aber Herders zweite Schrift „Ursachen des gesunknen Geschmacks bei den verschiednen Völkern, da er geblühet", erhielt den Preis. Herder sieht die Ursache für den Verfall des Geschmacks im Nachahmen der französischen Literatur seit Ludwig XIV. und in der Mittelmäßigkeit, anstelle einer genialen Schöpferkraft.

Zu Ostern 1774 kam Herders treuer Freund, der Verleger Hartknoch, zu Besuch nach Bückeburg. Er befand sich auf einer Geschäftsreise zur Leipziger Messe. Am 28. August 1774, genau zu Goethes Geburtstag, gebar Caroline Herder ihr erstes Kind, den Sohn Wilhelm Christian Gottfried. Am 18. August 1776 folgte ein zweiter Sohn, Siegmund August Wolfgang. Einer der Paten wurde Goethe.

Am 7. Juli 1774 reiste Herder, diesmal gemeinsam mit seiner Frau, zu einem zweiten Kuraufenthalt nach Pyrmont. Er erhoffte sich Heilung von einer Hämorrhoiden-Kolik. Herder traf den Arzt Johann Georg Zimmermann und den Berliner Philosophen Moses Mendelssohn, einen Freund Lessings, mit dem er schon seit seiner Rigaer Zeit im Briefwechsel stand. Doch enttäuscht meinte er, Mendelssohn sei zwar „der klarste, heiterste Kopf, den ich beinah auf einem menschlichen Rumpfe gesehn", aber er sei „ein stolzer Autor und Fachphilosoph, der sich nicht von seiner Stelle regt." Selbst aus Riga waren alte, liebe Bekannte nach Pyrmont gereist, wie seine ehemalige Schülerin Johanna Schwarz, die Nichte seines Freundes Georg Berens. Ende Juli 1775 befand sich Herder auf der Rückreise von Darmstadt nach Bückeburg und kam zu einem kurzen Zwischenaufenthalt wieder nach Pyrmont, wo er den Halberstädter Dichter Johann Wilhelm Ludwig Gleim antraf und ihn herzlich umarmte. Mit ihm verband ihn eine lebenslange Freundschaft. Danach besuchte Gleim Herder und seine Frau in Bückeburg. Das große Gesprächsthema waren die „Volkslieder". Außerdem hörte Gleim Herder predigen. Dies verleitete ihn zu dem Ausruf: „Herder, Du bist ein Apostel!"

Herder hoffte auf eine Berufung an die Göttinger Universität, jedoch scheiterte diese am Widerstand konservativer Professoren. Da erhielt er überraschend ein Angebot aus Weimar. Im Herzogtum Sachsen-Weimar-Eisenach war das höchste geistliche Amt seit 1771 unbesetzt. Um die Stelle des Generalsuperintendenten neu zu besetzen, holte der junge Herzog Carl August auch Goethes Rat ein, der seit dem 7. November 1775 in Weimar lebte. Goethe empfahl ihm, Herder zu berufen. Auf ihn hatte bereits Wieland hingewiesen, der ihn als Mitarbeiter für seine Zeitschrift „Der Teutsche Merkur" gewinnen wollte. Goethe teilte Herder am 2. Januar 1776 mit: „Wieland wünscht Dich her, hatte eh[er] die Idee als ich." Dieser schrieb voller Vorfreude an Gleim: „Ihr wisst doch, lieber Bruder, dass *Herder* als Generalsuperintendent zu uns kommt? Denkt doch, was Carl August aus Weimar macht! und noch machen wird!"
Doch es gab auch heftigen Widerstand unter den Geistlichen. So schrieb Goethe kurz darauf nach Bückeburg: „Lieber Bruder, wir haben's von jeher mit den Scheißkerlen verdorben, und die Scheißkerle sitzen überall auf dem Fasse. Der Herzog will und wünscht Dich, aber alles ist hier gegen Dich. Indes ist hier die Rede von Einrichtung auf ein gut Leben und 2000 Reichstaler Einkünfte. Ich lass nit los, wenn's nit gar dumm geht." Goethe ließ die Wohnung herrichten. Sie befand sich im oberen Stock des Hauses der Superintendentur hinter der Stadtkirche St. Peter und Paul. Darüber informierte er Herder: „Ihr müsst Euch indes gefallen lassen, wie ich Euch die Zimmer anlege. Es müssen noch Öfen gesetzt werden, Fenster gemacht, angestrichen, geweißt und so weiter." Es ist ein leeres Haus, aber „noch ganz gut gebaut, hat einen großen Garten, in dem aber die Igel brüten. Mit dem Detail der Reparatur schinden sie mich noch was ehrlich's. Es hat der Gotteskasten kein Geld, da sollen die alten Fenster bleiben, da ist der ein Schlingel und jener ein Matz. Und so geht's durch." Schließlich erhielt Herder das offizielle Berufungsschreiben und konnte mit seiner Familie nach Weimar übersiedeln.

»...soll hoffentlich jetzt ein zweites Mannesalter meines Lebens beginnen.«

Weimar 1776 - 1788

Am 1. Oktober 1776, abends um 10 Uhr, traf Herder mit seiner Frau Caroline und den beiden Söhnen in der kleinen Residenzstadt Weimar ein, die damals etwa 6000 Einwohner hatte. Wieland begrüßte ihn hocherfreut und berichtete an Gleim: „Der Mann Gottes, mit seinem lieben Engel an der Seite, ist ... glücklich bei uns angekommen. - Beim ersten Anblick flog ihm meine Seele entgegen. Wir blieben gleich zwo Stunden beisammen, und die Freude über Herders Dasein vergoldete mir den ganzen Tag. ... Kommt, lieber Bruder Gleim, ... und seht mit euern eigenen Augen, dass Weimar, das von bösen Buben und Toren so verlästerte Weimar, die wahre Arche Noah ist, wohin sich die wenigen Guten aus einer verdorbenen Welt vor der herannahenden Sündflut retten können." Kurz nach Herders Ankunft schrieb Wieland: „Weimar ist seiner nicht wert; aber wenn ihm nur leidlich wohl bei uns sein kann, so ist Weimar so gut als ein andrer Ort. Und wenn *Goethens* Idee stattfindet, so wird doch Weimar noch der Berg Ararat, wo die guten Menschen Fuß fassen können, während dass allgemeine Sündflut die übrige Welt bedeckt."
Goethe kam erst am nächsten Abend von einem Ausritt zurück und besuchte Herder und seine Frau noch zu später Stunde. Sie speisten zusammen und das Wiedersehen „war recht freudig und herzlich", wie Caroline berichtet.

Voller Hoffnung auf einen Neubeginn teilte Herder dem Theologen und Schriftsteller Johann Caspar Lavater mit: „Ich bin also jetzt in Weimar, nicht Prediger so schlechtweg, wie Ihr meinet, sondern Oberhofprediger, Oberkonsistorial- und Kirchenrat, Generalsuperintendent, Pastor primarius und zehn Dinge mehr, ... hoffe mich aber mit der Zeit recht gut zu stehn und zu finden." Seine Amtspflichten erstreckten sich von der praktischen Seelsorge bis zur Kontrolle der Kirchenrechnungen. Dazu gehörte auch die Prüfung der Bewerber für das Prediger- und Lehramt sowie die Aufsicht über das gesamte Schulwesen im Herzogtum Sachsen-Weimar-Eisenach. Die Stadtkirche St. Peter und Paul mit dem berühmten Cranach-Altar wurde Herders wichtigste Wirkungsstätte, an der er fast 26 Jahre gepredigt hat. Am 20. Oktober 1776 hielt er seine Antrittspredigt über das Gleichnis vom königlichen Gastmahl. Herder war ein homiletisches Genie, der das Medium der Sprache glänzend beherrschte. Wieland berichtet: Herder „predigt, wie noch niemand gepredigt hat, so wahr, so simpel, so fasslich, und doch alles so tief gedacht, so rein gefühlt, so schwer an Inhalt!"

Herder
und Familie
in Weimar

In der überfüllten Kirche hatte er bald die Sympathie der Weimarer Kirchgemeinde gewonnen, aber er hatte auch Widersacher. Über den Neuankömmling brodelte die Gerüchteküche. Es hieß, der neue Hofprediger soll in Stiefeln mit Sporn und in Hofkleidung das Abendmahl geben. Ja, man habe gesehen, wie er nach dem Gottesdienst dreimal um die Kirche ritt und danach zur Stadt hinaus. Herder informierte darüber seinen Verleger Hartknoch und stellte klar, es sei nur „dummes Geträtsch unter dem Pöbel." Er hatte es aber durch sein energisches Auftreten vernichtet und in den „Dreck getreten. ... Nun bücken sie sich alle zur Erde. Glaube solchem Geschwätz nicht, lieber Hartknoch oder wenigstens schreibe mir's nicht. Sie schwätzen jetzt g'nug von mir, von meinem Predigen in Stiefel und Sporn, in galonnierten Kleidern etc.; wer Teufel wird da nur eine Feder ansetzen, es zu schreiben und zu widerlegen. Ich lebe im Strudel meiner Geschäfte, einsamer und zurückgezogner als ich in Bückeburg nur gelebt habe: stehe in Doktor Luthers Priesterrock und Chorhemde, wie die andern stehen und so fort."

Als der 32jährige Herder nach Weimar kam, war sein neuer Landesherr Carl August erst neunzehnjährig. Über seinen ersten Eindruck von ihm bemerkte der Theologe: „Der Herzog ist ein edler, freier, wahrer, guter Junge." Aber der Herzog besuchte die Kirche nur bei feierlichen Anlässen und brachte Herders Reformvorschlägen für das Kirchen- und Schulwesen nicht die gebührende Aufmerksamkeit entgegen. Die Gemahlin von Carl August, Herzogin Luise, hatte Herder bereits in Darmstadt kennengelernt. Sie war eine geborene Prinzessin von Hessen-Darmstadt. Über sie schreibt Herder: „Die Herzogin ist ein herrlicher, edler Engel. Wollt' Gott, dass ich ihnen allen was sein und werden könnte!" Die Herzogin hörte gern seine eindrucksvollen Predigten. Er entdeckte ihr die Bedeutung Shakespeares und unterwies sie in der lateinischen Sprache.

Die Herzoginmutter Anna Amalia bewohnte nach dem Schlossbrand das Wittumspalais und erhob es zum geselligen Mittelpunkt des literarischen und künstlerischen Lebens. Zu ihr hatte Herder zunächst ein respektvoll kühles Verhältnis, doch das Vertrauen und die

Freundschaft zwischen ihnen wuchs von Jahr zu Jahr. Er war ein gern gesehener Teilnehmer ihrer Tafelrunde, ein Kreis von Adligen und Bürgerlichen, Schriftstellern und Künstlern, die sich in ungezwungener Atmosphäre zum Gedankenaustausch, zu Geselligkeit und künstlerischer Betätigung zusammenfanden. In den Wintermonaten traf man sich im Wittumspalais, im Sommer in Ettersburg und ab 1781 im Schloss Tiefurt bei Weimar. Es fanden Konzerte, Lesungen, Gespräche über Kunst, Literatur und Politik statt. Herder berichtet darüber: „Bei der Herzoginmutter wird gewöhnlich montags gelesen. ... Einige Shakespearsche Stücke, Lessings ›Nathan‹ und ›Emilie‹, Goethes ›Iphigenie‹, ›Tasso‹, ›die Vögel‹ p., Wielands ›Pervonte‹, ›Liebe um Liebe‹ ... und so fort sind so vorgetragen worden."

Doch diese Zusammenkünfte nahmen auch öfters einen kontroversen Verlauf. So wird berichtet: „Die drei Matadors, Wieland, Goethe und Herder, erscheinen selten in ihrem glänzenden Kleeblatt vereint. Diese Großen scheinen sich, wie Elefanten, in der Nähe zu hindern und sich nebeneinander nur unbequem bewegen zu können. Ohne Zweifel sind hieran mehr ihre ganz heterogene(n) Naturen schuld, die sich wechselseitig mehr abstoßen als anziehn."

Zu Herders Freundeskreis gehörten auch Karl Ludwig von Knebel und Johann August von Einsiedel. Herder war von Einsiedels Wissbegierde und Beobachtungsgeist beeindruckt, bekämpfte aber den Widerspruchsgeist dieses Rousseau-Anhängers, der die Nützlichkeit der Religion bezweifelte. Diese religiösen und philosophischen Streitgespräche zogen sich oft bis weit in die Nacht hinein. 1785 reiste Einsiedel nach Tunis in Afrika. Seine Freundin, die verheiratete Emilie von Werthern, täuschte ihren Tod vor, ließ eine Strohpuppe beisetzen und reiste heimlich mit Einsiedel nach Afrika. Nach ihrer Scheidung heirateten sie 1788.

Gemeinsame literarische Interessen pflegte Herder mit dem Prinzen August von Sachsen-Gotha-Altenburg, obwohl dieser ein Anhänger des Religionsspötters Voltaire war. In der Verurteilung des Scholastischen stimmten sie jedoch überein. Der Prinz August von Gotha war ein eifriger Leser von Herders Schriften. Er besorgte ihm auch Neuerscheinungen der französischen Literatur und wurde einer der Taufpaten, als Herders vierter Sohn Karl Emil Adelbert geboren wurde. Persönlichen und brieflichen Gedankenaustausch hatte Herder auch mit dem katholischen Statthalter von Erfurt, Karl von Dalberg.

Knapp ein Jahr nach seiner Ankunft in Weimar notierte Herder eine Fülle von Publikationsvorhaben. Seinem Verleger Hartknoch in Riga teilte er mit: „Auf Ostern [1778] möcht' ich Dir gern 2 Schriften liefern, eine kleinere und größere. ...“ Gemeint sind die Abhandlung »Plastik« und die Schrift »Vom Erkennen und Empfinden der menschlichen Seele«.

Die erste Fassung zur »Plastik« entstand bereits 1768 bis 1770, die Veröffentlichung erfolgte aber erst 1778. Darin wird die Bildhauerei als die Kunst des ertastenden Gefühls beschrieben, das die menschliche Gestalt in ihrer schönen körperlichen Form begreift. Darin heißt es:

„Dem Weibe gab die Natur nicht Brust, sondern Busen. ... Der Busen des Weibes ward zarter, völliger, gewaschen mit Milch der Unschuld und gekrönt mit der Rose der Liebe. Solange diese ein Knöspchen blühet und der unreife Hügel zur Ernte wächst, schlang die Grazie der Jungfrauschaft ihren Gürtel um dieselbe, in der ... Liebe und Verlangen wohnen. ... Wie die Brust die edlern Teile barg und ausdrückte, so ist von den ältesten Zeiten und Philosophen an der Bauch als Sitz der Begierden betrachtet worden. ... Es war dort Fluch der Ausschweifung und Folge des Wassers der Bitterkeiten, dass der Bauch schwelle und die Lenden schwinden, fürs untreue, wollüstige Weib gewiss die größte Strafe! Es ist Beschreibung des ältesten Liedes der Unschuld und Liebe, dass der Bauch sei ein schwebender Weizenhügel, der Nabel ein runder Becher, dem's nimmer an Getränk mangelt, der nimmer verlechzt und nimmer übersprudelt von Freude. ... Wenn ... Venus aus dem Bade mit ihrem gebognen Rücken der Taube herauftritt und der schöne Torso dasitzt und sinnt – doch wie kann ich beschreiben und was hülft beschreiben, wenn man nicht selbst sieht und das schöne Gebürge hinabgleitet? Und wie über der

Hüfte sich der Rücken in Weiche verlieret! ... Und wie die Schenkel zu Marmorsäulen, so wand Mutter Natur die Arme zu zarten Zylindern und umschlang sie mit dem ersten Brautkranz der Liebe und schonte die Spitze des Bogens und ließ am Weibe die Hand sanft hinabfließen in kleine Zylinder und bepolsterte sie von innen in jedem sammetnen Mäuschen und in jedem Blumenbusche der Fühlbarkeit, der auf Gefühl wartet, mit dem ersten Druck der Liebe und machte jedes Glied wächsern und beweglich und regsam, den Finger fast zu einem Sonnenstrahl und die milchgewaschne Höhe der Hand zum ungeteilten und gliedervollen Hügel voll Rege, voll umfassenden Lebens."

In Anlehnung an Herders Tastsinn heißt es später in Goethes „Römischen Elegien":

„Und belehr ich mich nicht, indem ich des lieblichen Busens
Formen spähe, die Hand leite die Hüften hinab?
Dann versteh ich den Marmor erst recht; ich denk und vergleiche,
Sehe mit fühlendem Aug', fühle mit sehender Hand".

Weiterhin plante Herder eine Fortsetzung der »Ältesten Urkunde des Menschengeschlechts«, eine neue Ausgabe der »Fragmente über die neuere deutsche Literatur«, eine Neuausgabe der Schrift »Auch eine Philosophie der Geschichte zur Bildung der Menschheit«, die »Provinzialblätter an Prediger« usw.
Zuversichtlich schrieb er: Indem ich „geprüfter, reifer und stärker werde, soll hoffentlich jetzt ein zweites Mannesalter meines Lebens beginnen."

Doch die „Plackereien" seiner Ämter, die zähen Sitzungen im Konsistorium, das trockne Aktenstudium, die Oberaufsicht über die 150 Pfarrer des Herzogtums, die Kandidaten- und Lehrprüfungen, die Inspektion des Weimarischen Gymnasiums und vieles andere mehr, dies alles passte nicht zu seinen hochfliegenden Gedanken und Plänen. Er musste Berichte und Gutachten schreiben, die Beichte abnehmen, zahlreiche Amtsverrichtungen bei Hofe durchführen und vor allem seine Predigten vorbereiten. Caroline Herder berichtet über das Arbeitspensum ihres Mannes: „... er war Prediger, Beichtvater, hatte die Konfirmation sämtlicher Kinder, die Taufen, Trauungen und Leichen der ersten Klasse; die Einführungen der Geistlichen und endlich die Revision einer beträchtlichen Anzahl von Kirchenrechnungen der Kirchen seiner Diözese. Diese letzteren waren ihm das peinlichste Geschäft. Wöchentlich, bisweilen beinahe täglich musste er Beschwerden der Geistlichen und Schullehrer schriftlich oder mündlich vernehmen. ... Er musste dabei auch über die Ökonomie des Landes sich Kenntnisse erwerben, um die mannigfaltigen Fragen beurteilen zu können." So befand er sich zwischen Amtsschimmel und Pegasus.

Anlässlich der Geburt des Erbprinzen Carl Friedrich von Sachsen-Weimar-Eisenach hielt Herder am 5. Februar 1783 im Fürstenhaus die Taufrede und vier Tage später eine Predigt in der Stadtkirche St. Peter und Paul. Unmittelbar danach hat sich folgender Dialog zugetragen, worüber Herder an Hamann berichtet:

„Goethe: Was denkst Du zu der Predigt?
Wieland (wie er wenigstens sagt): Nun, es war eine wackre Predigt.
Goethe: Er hat doch aber so eine harte Manier, die Sachen zu sagen. Nach solcher Predigt bleibt einem Fürsten nichts übrig, als abzudanken. (Ergreift seinen Hut und geht still aus der Kirche.)
Zweiter Dialogus bei der Herzogin Mutter.
Sie: Was denken Sie von der heutigen Predigt?
(Wieland: ungefähr wie oben).
Sie: Mich dünkt aber, dass sie doch für diesen Tag unerwartet war: beim Regierungsantritt oder solchen Tagen könnte sie wohl gehalten werden.
Wieland: Je nun! Weil der Herzog sonst nicht in die Kirche kommt, so hat Herder vermutlich den Augenblick ergriffen, da er ihn hatte.
Sie: Er sollt' freilich mehr in die Kirche gehn.

Dritter Dialogus. Abends im großen Saal bei Hofe.
Herzog: Sind Sie heut' in der Kirche gewesen?
Wieland: Ja, Euer Durchlaucht.
Herzog: Wie hat Ihnen die Predigt gefallen?

Wieland: (wie oben).
Herzog: Ich weiß doch aber nicht, was die Leute bei einem Kind für erstaunende Hoffnungen haben. Es ist doch nur ein Kind.
Wieland: Aus dem indessen doch alles werden kann und da hofft jeder, dass das Beste aus ihm werde.
Herzog: Übrigens war die Predigt ganz ohne *Piques* [Groll]. (Das ist ein Lieblingswort hier).
Wieland: O, ganz ohne Piques. Sie war, dünkt mich, so rein, wie sie von der Kanzel kommen musste.
Herzog: Es war eine brave Predigt."

In Herzensangelegenheiten wurde der Theologe auf eine heikle Probe gestellt. Ende Mai 1778 war ein zarter, liebenswürdiger Engel in Weimar angekommen, Friederike Sophie Eleonore von Schardt, eine Schwägerin Charlotte von Steins. Sie hatte erst kurz zuvor den Geheimen Regierungsrat Karl von Schardt, den ältesten Bruder der Frau von Stein geheiratet, langweilte sich aber in ihrer Ehe und kam, allein oder mit ihrer Freundin Emilie von Werthern, oft ins Pfarrhaus. Sie war erst 22, also elf Jahre jünger als Herder. Sie war zierlich, geistreich und höchst anziehend, hatte große dunkle Augen und eine kleine Stupsnase. Sie beherrschte mehrere Sprachen, übersetzte fließend aus dem Englischen und aus dem Italienischen und wurde eine begabte Mitarbeiterin am „Tiefurter Journal". Auch am Liebhabertheater wirkte sie als Schauspielerin mit. Herder erteilte ihr Griechischunterricht und sandte ihr im Herbst 1778 die „Lieder der Liebe", seine freien Nachdichtungen des Hohen Liedes.
Auch Schiller war von ihrer Schönheit angetan und meinte, sie sei „ein feines, schlaues, einschmeichelndes Geschöpfchen, nicht ohne Geist, nicht ohne Genie sogar", eine Art von Dichterin, eine Kokette „und sehr *begehrlich* obendrein". In jeder anderen Gesellschaft würde man sie für ein „ausgelerntes Freudenmädchen" halten.
Diese „sehr begehrliche" junge Sophie verstand es, in Herder eine wirkliche Verliebtheit zu entzünden. Er war ihr in leidenschaftlicher Schwärmerei verfallen, die er nur mühsam in den Grenzen einer idealischen Seelenliebe halten konnte. Herder spürte, dass diese „Blu-

me des Paradieses", wie er sie in einem Gedicht nannte, seine Ehe gefährden könne. So schrieb er ihr am 26. April 1783:
„Ich muss meinem Herzen Luft machen, und an Dich schreiben, lieber Schwester-Engel, heilige, liebe, unschuldige Blume! Lass uns aufhören, wo wir sind. Wir lieben uns zu sehr, ja zu sehr, so schön wir's uns verleugnen. Ich weiß, und ich prüfe mich im Innersten, dass ich Dich wie einen Engel, wie meine Schwester liebe: Du liebst mich tausendfach süßer, unschuldiger, holder; Dein ganzes Herz ist vor mir. Aber wir sind Menschen, genug - und die schöne Blume unsrer Freundschaft und ew'gen, ew'gen Liebe muss auf immer im Morgentau blühen und glänzen. ... Hab' also die Liebe, Engel, und gib mir Deine Hand, sie soll solange ich lebe und atme, die Hand meines schwesterlichen Engels sein und bleiben. - O es ist, liebes Wesen, so eine himmlische Sache um die Unschuld! ... Dein edles, gutes Herz sagt mir, dass Du diesen Brief so aufnehmen wirst, wie ich ihn schreibe - als ob ich vor dem heiligen Altar Deiner Füße kniete, und Deine Knie umfasste.
Dein Engels-Angesicht ist vor mir, und es soll mir ewig ein Engels-Angesicht bleiben ... (Du bist ja die Liebe selbst). ... Verbrenn' diesen Brief, das versteht sich, sofort, sofort."

Sophie verbrannte zwar diesen Brief, hatte aber vorher eine Abschrift angefertigt mit der Bezeichnung: „Kopie eines verbrannten Briefes von H[erde]r", so dass uns dieses vertrauliche Schreiben erhalten geblieben ist. Das Gerücht von einer delikaten Liebesaffäre Herders zu Sophie von Schardt hätte seinem Ansehen als obersten Geistlichen des Herzogtums sehr geschadet. Kurz darauf, am 30. April 1783, reiste Herder mit seinem Sohn Gottfried in den Harz, wobei er ein Porträt von Sophie mitnahm. Zu gleicher Zeit planten Sophie von Schardt und ihr Ehemann, nach Holstein zu reisen. Unterwegs wollten sich Herder und Sophie treffen. Er besuchte seinen Freund Gleim in Halberstadt und erwartete in Blankenburg voller Ungeduld die Ankunft von Sophie:

„Ich habe auf Sie gewartet, wie kein Liebhaber auf seine Geliebte warten kann. ... Ich wollte Sie nur sehen, mit Ihnen eine Wiese, ein

Tal, einen Baum und Aussicht des Harzes genießen und denn fröhlich weiter reisen - und da kommt der böse Himmel dazwischen. Was soll ich tun? ... Es ist nicht recht, dass man sich einander so lieb hat. ... Heut' morgen habe ich einen Traum von Ihnen gehabt, den ich Ihnen weder sagen noch schreiben mag." Diesem Brief fügte Herder ein Gedicht bei, in dem es heißt:

„O, wie hüpfet das Herz mir, Unschuldswesen
Deine kleine geliebte Spur zu treten,
noch einmal vorm Scheiden den Kuss voll Kühle
voll von erquickendem Tau
Sanft Dir zu entküssen."

Das Warten hatte sich gelohnt, denn Sophie kam doch noch. Danach reiste Herder weiter über Braunschweig nach Hamburg, um Klopstock und in Wandsbek Matthias Claudius wiederzusehen. Am 6. Juni 1783 traf Herder mit seinem Sohn wieder in Weimar ein.

In einem der Ursprungsländer der Reformation hatte Herder gehofft, „noch viel altes Luthertum" zu finden. Aber er hatte sich getäuscht. Das Kirchen- und Schulwesen war in Orthodoxie erstarrt. Er fand unter den Landpfarrern große Unwissenheit und klagte: „Alles, was Kandidat ist, ist hier im Todesschlafe." Um sie zu bilden, verfasste er von 1780 bis 1781 die „Briefe, das Studium der Theologie betreffend". Darin verwendet er auch den Begriff „Selbstbildung". Es wirkt wie ein väterlicher Rat, wenn er den geistlichen Nachwuchs so direkt anspricht: „Es bleibt dabei, mein Lieber, das beste Studium der Gottesgelehrsamkeit ist Studium der Bibel, und das beste Lesen dieses göttlichen Buches ist *menschlich*." Denn es „ist ein Buch durch Menschen für Menschen geschrieben; menschlich ist die Sprache, menschlich die äußeren Hilfsmittel, mit denen sie geschrieben und aufbehalten ist; menschlich endlich ist ja der Sinn. ..." Auch könne man die Bibel nicht einfach und kindlich genug lesen, um aus ihr zu erfahren, was die rechte Religion sei. Herder wollte „kein langweiliger klassischer Heiliger" sein, wie er selbst von sich sagte, auch kein Fachtheologe, sondern er war bestrebt, den Theologen mit dem

Schullehrer, den Christen mit dem Philosophen zu verbinden. Jeglichen Missbrauch ablehnend, meinte er: „Die Theologie ist ein liberales Studium und verlangt keine Sklavenseele." Und scharf urteilte er: „Alles, was nur von weitem an Kirchenordnung und Liturgie grenzt, ist mir im Thüringerlande so verhasst oder gleichgültig geworden, dass ich nichts wünsche, als dass Luther aufleben und den Unrat auf seinem Grabe sehen möge." Herder fühlte sich eingeklemmt „in das einsame Wirrwarr und geistliche Sisyphus-Handwerk" und klagte: Die Kirchenmauer, „die gerade vor mir steht, scheint mir unaufhörlich die wahre Bastille, und ich habe von jeher mein Haus, groß und verschnitzelt, unbewohnbar, und wo es bewohnt wird, eingeklemmt und drückend, als das wahre Symbol meines Amts angesehen. ... Es ist und bleibt doch immer ein elend Leben, sich früh auf die hölzerne Folterbank zu spannen, und unter dem alten Sächsischen Dreck zu wühlen." Mit knapp 37 Jahren fühlte er sich schon alt und bemerkte: „Wie ich seit 3 oder 4 Jahren, seitdem ich hier bin, alt und grau geworden bin, ist unsäglich. Meine Haare fallen wie Stoppeln hinweg, und ich kann mit dem Scheitel kaum die Glatze mehr decken, ein junger Greis vom Baume, der auf seinem Stamm verdorret. – Doch alles belebt sich ja wieder und vielleicht auch ich – wenn nicht hier, so anderswo."

Seine Ehefrau Caroline brachte acht Kinder zur Welt, sieben Söhne und eine Tochter. Caroline hatte auf Herders Lebensführung maßgeblichen Einfluss. Auf ihr lastete nicht nur die Sorge um die Erziehung der Kinder, sondern auch die Haushaltsführung, die oft von quälenden Schulden begleitet war. Herder hatte es vor allem ihrer Umsicht und Rücksicht zu verdanken, dass er, der ehrgeizig nach hochgesteckten Zielen strebte, trotz drückender Amtsgeschäfte, noch Zeit für seine schriftstellerische Tätigkeit fand. Aber auch daran nahm sie verständnisvoll Anteil und war ihm eine ebenbürtige Gesprächspartnerin. Sie half ihrem Mann bei seiner umfangreichen Korrespondenz und bei der Korrektur seiner Schriften. Der Dichter Gleim schätzte die Mitarbeit von Herders Frau so hoch ein, dass er meinte: „Wenn Caroline Herder nicht wäre, so wäre kein Johann Gottfried Herder." Über Herders Wohnungseinrichtung besitzen wir eine detaillierte Beschreibung des 21-jährigen Theologiestudenten

Johann Goerg Müller zu Gast bei Familie Herder

Johann Georg Müller, der im Herbst 1780 zu Fuß von Göttingen nach Weimar gewandert war, um Herders Rat über seine Studien zu hören.

Er wurde Herders Hausgast. Herder zeigte ihm seine Bibliothek, die in zwei Zimmern untergebracht war. Zunächst die kleinere Bibliothek. Es war „eine auserlesene Sammlung", darunter „Griechen, Römer, meistens englische Ausgaben, Engländer, Franzosen usw., auf einem andern Gestell spanische und italienische Schriften." In diesem Zimmer hingen auch einige Porträts, z. B. von Winckelmann und „Swift mit seiner fürchterlichen Glatze und originellem Gemeinbürgergesicht voll Geist und Popularität („Swift", sagte er, „ist itzt mein Mann"); dann ein herrliches Stück: Luther, von Cranach gemalt Anno 1528/29" sowie von Hartknoch und Hamann. „Nach diesem Zimmer kommt ein sehr großer Saal, und da ist die Hauptbibliothek, so groß, wie ich noch wenige Privatbibliotheken gesehen. Denn Herder kauft alles Gute auf, was auf Auktionen vorkommt, und gewöhnlich sehr wohlfeil, weil sonst kein Mensch darauf achtet. ... Nun kommt noch das letzte Zimmer – seine Studierstube, die groß und schön, hellblau oder schwefelgelb angestrichen ist."

Für seine universelle, fast enzyklopädische Bildung besaß Herder diese umfangreiche Bibliothek. Sie umfasste etwa 8000 Bände und war damit größer als die von Goethe, Schiller oder Wieland. - [Goethe besaß annähernd 7000 Bände, Wieland ungefähr 6000 und Schiller nur etwa 800 Bücher.]

Herder beteiligte sich gern an den Preisaufgaben europäischer Akademien. Für seine eingereichten Abhandlungen wurde er dreimal von der Berliner Akademie und zweimal von der Münchener Akademie ausgezeichnet, wofür er goldene Preismedaillen erhielt. Im Juli 1781 teilte er seinem Göttinger Freund, dem Professor für alte Sprachen, Christian Gottlob Heyne, mit:

„Sie wissen, dass ich ein oft gekrönter Ritter bin, ob ich gleich immer nur, wie andre spielen oder auf die Jagd gehn, zum Ziel rannte. Die Münzen liegen nun da und helfen mir nichts; die Lorbeerkränze auf ihnen noch minder. Meine Jungen haben sich satt an ihnen gesehen,

und ich möchte Geld statt ihrer. ... Die von Berlin 50 Dukaten schwer, ist von Hedlinger, von dem sich die Münzen rar machen: 2 von München, die eine 12, die andre 6 Dukaten, auch sehr hübsch geprägt, jede anders. - Mir wär's außerordentlich lieb, wenn ich sie los würde, denn ich brauche Geld. ... Ich bin so unbekannt mit diesen Sachen, wie ein Kind. Wenden Sie eine Zeile dran, mir Weg zu weisen, oder mich von diesem goldnen nutzlosen Reichtum zu befreien."
Mit Hilfe Christian Gottlob Heynes wurden sie 1782 verkauft.

Im Herbst 1781 nahm Herder seine Lieblingsforschungen über die „älteste Geschichte des menschlichen Geistes" wieder auf und vertiefte sie. Als Ergebnis dieser Studien erschien im April 1782 der 1. Band unter dem Titel „Vom Geist der hebräischen Poesie" (in Herders Schreibweise „Ebräische Poesie"). Herder bezeichnete die hebräische Sprache als „die sogenannte göttliche Sprache." Wichtige Anregungen verdankte er dem englischen Bischof Robert Lowth, der die Dichtungen im Alten Testament beschrieben und ihren ästhetischen Wert hervorgehoben hatte. Auch Herder lobte die poetischen Schönheiten biblischer Dichtungen und legte den Grundstein zum Verständnis der hebräischen Religion. Im Mai 1783 erschien dazu der 2. Band. Die geplante Vollendung des Werks durch einen 3. Teil kam nicht zustande.

In den ersten Weimarer Jahren entwickelte sich nicht der erhoffte freundschaftliche Umgang mit Goethe. Das Genietreiben mit dem jungen Herzog Carl August lehnte Herder ab. Er klagte über die Weimarer Verhältnisse und wurde neidisch, als Goethe zum Minister ernannt und schließlich in den Adelsstand erhoben wurde. Darüber informierte er am 11. Juli 1782 seinen Freund Johann Georg Hamann: „Er ist also jetzt Wirklicher Geheimer Rat, Kammerpräsident, Präsident des Kriegskollegii, Aufseher des Bauwesens bis zum Wegbau hinunter, dabei auch directeur des plaisirs, Hofpoet, Verfasser von schönen Festivitäten, Hofopern, Ballets, Redoutenaufzügen, Inskriptionen, Kunstwerken etc., Direktor der Zeichenakademie, in der er den Winter über Vorlesungen über die Osteologie gehalten, selbst überall der erste Akteur, Tänzer, kurz das Faktotum des Weimarschen und, so Gott will, bald der major domus sämtlicher Ernestinischer Häuser, bei denen er zur Anbetung umherzieht. Er ist baronisiert. ... Er ist aus seinem Garten in die Stadt gezogen und macht ein adlig Haus, hält Lesegesellschaften ... etc., etc. ... Meine Gegenwart ist hier beinah unnütz und wird mir von Tag zu Tage lästiger. Was anders wohin weiß, sehnt sich weg. ..."

Erst 1783 bahnte sich wieder ein reger vertraulicher und vor allem kreativer Gedankenaustausch mit Goethe an. Für die Erneuerung der Freundschaft zeugt auch, dass Goethe seine Entdeckung des Zwischenkieferknochens zunächst nur Charlotte von Stein und Herder anvertraute. An ihn schrieb er am 27. März 1784: „Ich habe gefunden - weder Gold noch Silber, aber was mir eine unsägliche Freude macht - das os intermaxillare am Menschen!" Vor allem Herders „Ideen zur Philosophie der Geschichte der Menschheit" wurden diskutiert. Damit hatte er seine geschichtsphilosophischen Studien aus der Bückeburger Zeit umfassend weiterentwickelt. Aber es war eine sehr schwierige Arbeit, denn Herder bekannte: „Keine Schrift in meinem Leben habe ich unter so vielen Kümmernissen und Ermattungen von innen und Turbationen [Störungen] von außen geschrieben, als diese; so dass, wenn meine Frau ... und Goethe ... mich nicht unablässig ermuntert und getrieben hätten, alles im Hades der Ungebornen geblieben wäre." An anderer Stelle heißt es: „Jetzt schwitze und buchstabiere ich am Stil, wie ein armer Sünder."
In den „Ideen zur Philosophie der Geschichte der Menschheit" unternimmt Herder den Versuch einer Synthese von zwei unterschiedlichen geschichtsphilosophischen Perspektiven:

1. Die christliche Perspektive: Sie betrachtet die Geschichte als Heilsgeschichte der Menschheit mit einem Anfang, einer Mitte und einem Ende. Sie begann im Garten Eden und wird mit dem Jüngsten Gericht enden. Wenn Humanität ein göttliches Geschenk ist, müsse die Christenheit die höchste Ausbildung darin erreichen.

2. Herder geht von einer Aufwärts- und Abwärtsbewegung der Hu-

manität aus, mit Gipfelpunkten, aber auch mit Tiefpunkten. Denn einige Hochkulturen sind bereits untergegangen. Dies sei eine ungeheure Verschwendung von Kenntnissen, Techniken und ethischen Werten. Ist darin noch göttlicher Wille und Plan zu erkennen? - Herder stellt diese Frage, ohne sie zu beantworten. Er behandelt Zeugnisse der Geistesgeschichte, der Künste und Wissenschaften von China, Japan, Tibet, Indien, Babylon, Assyrien und Ägypten bis nach Griechenland und Rom. Er entwickelt die „Idee einer kumulativen Humanität als Summe des Besten aller Zeiten und Kulturen." Jede Nation trägt mit ihrer Kultur jeweils eine ganz spezielle Errungenschaft zur gesamtmenschlichen Humanität bei. Er entwirft eine „Universalgeschichte der Bildung der Welt." Herder erkannte das Wagnis der Neuheit seiner Geschichtsphilosophie und bezeichnete sein Werk als den „exoterischen Versuch eines Fremdlings." Es ist das erste Werk, in dessen Plan Herder die Naturwissenschaft grundlegend einbezog. Die großen Themen sind Kosmos - Erde - Mensch. Das höchste Glied in der Entwicklung des Lebens ist die Menschheit und das Ziel dieser Entwicklung ist die Erziehung des menschlichen Geschlechts zur Humanität. Herder meinte, die natürliche Ausstattung des Menschen sei zwar gegenüber dem Tier mangelhaft, weil der Mensch keine instinktmäßigen Kunstfertigkeiten besitze. Doch die Natur habe dem Menschen Besonnenheit, Sprache und Vernunft gegeben. Dies seien die Anlagen zu einer nahezu unbegrenzten Intelligenztätigkeit. Der Mensch ist nicht auf eine enge, einförmige Lebenssphäre fixiert wie das Tier, sondern eine Welt von Geschäften und Bestimmungen erwartet ihn. Alle Eigenschaften und Fähigkeiten des Menschen sind auf seine Intelligenzorganisation ausgerichtet, d. h. auf die Vernunft, Erkenntnis, Sinnlichkeit und auf den Willen. „Der Mensch ist der erste *Freigelassene* der Schöpfung." Herder bezeichnet den Menschen als „Erdgott". Die Erde ist das Reich des Menschen. „Sein Dasein ist, zu herrschen, mit einem Plan der Vollkommenheit in seiner Seele, zu verändern, umzuschaffen, zu veredeln, und in einem kleinern Kreise zu vervollkommnen. An Wirksamkeit, an Wissenschaft, an Kunst und Erfindung wird er ein nachahmender Gott sein, ein zweiter Schöpfer. ..." In dieser symbolhaften Formel „Nach meinem Bilde" verbirgt sich ein neues Menschenbild. Es ist das Bewusstsein, dass der Mensch die Möglichkeit besitzt, dem Göttlichen ebenbürtig zu sein und selbst zum Schöpfer zu werden, d. h. selbst zu handeln, produktiv zu werden und die Welt zu gestalten.

Die „Ideen zur Philosophie der Geschichte der Menschheit" gelten als Herders Hauptwerk und enthalten gewissermaßen die Summe seines religions- und geschichtsphilosophischen Denkens.

Darin heißt es auch: „Unter den Trieben, die sich auf andre beziehen, ist der Geschlechtstrieb der mächtigste; auch er ist beim Menschen dem Bau der Humanität zugeordnet. Was bei dem vierfüßigen Tier, selbst bei dem schamhaften Elefanten Begattung ist, ist bei ihm seinem Bau nach Kuss und Umarmung. Kein Tier hat die menschliche Lippe, deren feine Oberrinne bei der Frucht des Mutterleibes im Antlitz am spätesten gebildet wird; gleichsam die letzte Bezeichnung des Fingers der Liebe, dass diese Lippe sich schön und verstandreich schließen sollte. Von keinem Tier also gilt der schamhafte Ausdruck der alten Sprache, dass es sein Weib erkenne."

Goethe schreibt im Oktober 1787: „Wie sehr mich Herders *Ideen* freuen, kann ich nicht sagen. Da ich keinen Messias zu erwarten habe, so ist mir dies das liebste Evangelium." Und an anderer Stelle betont er: „Meine mühselige, qualvolle Nachforschung ward erleichtert, ja versüßt, indem Herder die Ideen zur Geschichte der Menschheit aufzuzeichnen unternahm. Unser tägliches Gespräch beschäftigte sich mit den Uranfängen der Wasser-Erde, und der darauf von altersher sich entwickelnden organischen Geschöpfe. Der Uranfang und dessen unablässiges Fortbilden ward immer besprochen und unser wissenschaftlicher Besitz, durch wechselseitiges Mitteilen und Bekämpfen, täglich geläutert und bereichert."

Von 1783 bis 1795 waren die Jahre der Freundschaft, der produktiven Zusammenarbeit und des regen geistigen Austauschs zwischen Herder und Goethe. 1785 und 1786 kam es sogar zu gemeinsamen Kur-Aufenthalten in Karlsbad. Herder nahm Anteil an der Ausgabe von Goethes Schriften und betreute während Goethes Italienreise dessen Werkausgabe. Im Januar 1787 sandte ihm Goethe das Manuskript seiner „Iphigenie auf Tauris" mit der Vollmacht, selbstständig letzte Sprachkorrekturen durchzuführen. Ebenso unterstützte Herder im Jahre 1793 Goethe bei der Verbesserung der Hexameter für das Versepos „Reineke Fuchs". Als Herder selbst nach Italien reiste, sorgte Goethe für dessen Frau und Kinder. Herder verhielt sich loyal gegenüber Goethes Lebensgefährtin Christiane Vulpius. Ja er taufte sogar taktvoll im Goethehaus den unehelichen Sohn August und hat ihn auch am 13. Juni 1802 konfirmiert.

Mit Herder beginnt die moderne Geschichtsschreibung und Geschichtsphilosophie. Er war der Auffassung, jedes Volk habe seine Zeit und seinen Ort. Herder ist ein Historiker in philosophisch-religiösem Sinne. Er sieht die Geschichte als individuelle Entfaltung der Völker und als fortschreitendes Wachstum zu einer höchsten, von Gott eingegebenen Humanität. Alle Eigenschaften und Fähigkeiten des Menschen sind auf seine Intelligenzorganisation ausgerichtet, d. h. auf die Vernunft, Erkenntnis, Sinnlichkeit und auf den Willen. In dem „Slawenkapitel" beschreibt Herder voller Sympathie die Wirtschaft, Kultur und Lebensweise, die Sitten und Bräuche sowie die Sagen und Lieder der Slawen. Dabei hebt er ihren Fleiß, ihre Friedfertigkeit und ihre Schöpferkraft hervor. Das „Slawenkapitel" wurde ins Polnische, Tschechische und Russische übersetzt und trug wesentlich zur Herder-Rezeption durch die Völker Ost- und Südosteuropas bei.
In den „Zerstreuten Blättern" wandte sich Herder der orientalischen Dichtung und indischen Weisheit zu. 1787 erschien seine Abhandlung „Gott. Einige Gespräche".

Die Schulen sah er als christliche Bildungsstätten an. Zur Förderung der Talente wollte er den Bildungsstand heben und das Schulwesen reformieren, denn die Bildung und Erziehung der Jugend lag ihm sehr am Herzen. Über seine Reformpläne informierte er den Herzog Carl August in einem ausführlichen Schreiben vom 14. Dezember 1785. Darin kritisierte er die einseitig ausgerichtete Erziehung, denn nach dem Stundenplan haben die Schüler „durch alle Klassen wöchentlich 6 Stunden zum Beten und Bibellesen, welches, wenn ich 47 Wochen des jährlichen Unterrichts und nur 9 Jahre des Schulunterrichts rechne (welche Zeit doch viele überschreiten), allein 2538 Stunden ausmacht, in denen unsre Gymnasiasten nichts als beten und Bibellesen." Damit aber haben sie noch gar nicht Religion gelernt, denn ein junger Mensch, der neun Jahre das Gymnasium besucht, hat außerdem 940 Stunden Religion. „Aber noch nicht genug: denn 168 Stunden im Jahr sagt er in Sexta und Quinta Evangelien und Psalmen her: für die biblische Geschichte hat er in Sexta jährlich 94, in Quinta, Quarta und Tertia, (durch welche Klassen doch die meisten gehen), in jeder jährlich eben so viel Stunden, welches, wenn ich auf jede Klasse nur 1 Jahr rechne, welches doch die meisten überschreiten, 376 Stunden ausmacht, in welchen zum Teil erwachsne junge Leute die leichte, kurze biblische Geschichte lernen, die ein Kind durch bloße Erzählung in wenigen Wochen zu fassen imstande ist. Und was wird mit allen diesen Stunden, die, wenn sie zusammengezählt würden, eine ungeheure Summe ausmachten, ausgerichtet? Nichts, als dass die jungen Leute Ekel und Überdruss an Wahrheiten erlangen, die ihnen doch die wirksamsten und lebendigsten auf ihre ganze Lebenszeit sein sollten. Je höher sie hinaufrücken, desto weniger wissen sie Religion, so dass sicher zu rechnen ist, dass, wenn ein Schüler der zweiten oder dritten Klasse konfirmiert wird, er viel weniger Sprüche oder Religion wisse, als ein Quintaner oder Quartaner, ja als ein fähiger Knabe der Landschulen. Kein Wunder! Denn wenn man ... bedenkt, dass jugendliche Seelen damit in ihren blühendsten Jahren jahraus, jahrein gequält werden: so möchte man, wenn *das* Christentum sein soll, alle christliche Erziehung verwünschen. So verdämmert, so verekelt an Religion kommt nun der junge Mensch auf Akademien, wo er sie zum Teil nicht besser lernt. ..." Auch der Lateinunterricht füllt „in den untern Klassen und bei solchen, die nie das Latein brauchen können und werden, eine große Reihe von Stunden." So habe ein Schüler, „um Schuster oder Schneider zu werden, 376 Stunden lateinische Vokabeln hergesagt." Außerdem Colloquia, lateinische Grammatik getrieben und lateinische Formeln geschmiedet, „also in 4 Jahren, in zwei der niedrigsten Klassen 2054 Stunden aufs Latein gewandt. ... Es kann nicht anders sein, als dass Lehrer und Schüler bei solchen Sklavenarbeiten in kurzer Zeit verdumpfen und vermodern. ... Mit dem Griechischen gehet's womöglich noch ärger."

Dieser einseitige Unterricht entsprach nicht Herders Vorstellung von einer zeitgemäßen Bildung. Stattdessen sollten die Realwissenschaften, wie Geographie, Geschichte, Mathematik und Schreiben stärker berücksichtigt werden. Herder setzte sich für *„eine Realschule nützlicher Kenntnisse und Wissenschaften"* ein, in der „Bürger, Kaufleute, Handwerker, Schullehrer, Künstler, kurz der notwendigste und zahlreichste Teil der Gesellschaft gebildet werden soll. ... Da alle Länder Deutschlands, die katholischen nicht ausgeschlossen, sich jetzt wetteifernd bemühen, die Schulen zu verbessern, ... so wäre es ein Unglück für *die* protestantischen Staaten, in denen vor 200 Jahren das Licht besserer Kenntnisse zuerst aufging, wenn sie jetzt den dunkelsten Winkeln nachstehn und eine alte nutzlose Mönchs-Barbarei dulden wollten." In alle Stände dringe jetzt die Aufklärung. „Zum guten Unterricht gehören *tüchtige Lehrbücher*" sowie Lehrmittel. „Ohne Tafeln oder Papier lässt sich nicht rechnen und schreiben, ohne Landkarten keine Geographie, ohne Naturkörper keine Naturgeschichte, ohne physische und mathematische Instrumente keine Naturlehre und angewandte Mathematik. ... An den meisten dieser Stücke hat das Gymnasium einen großen oder völligen Mangel. Die Geographie z. B. wird in einigen Klassen aus einer einzigen Landkarte getrieben; in andern ist Klage, dass manche Lektionen sogar ohne Buch gelernt werden wollen, wie es heißt, der Armut wegen. Physische Instrumente besitzt das Gymnasium nicht. ..." Herder unterbreitete dem Herzog zugleich Vorschläge, wie diese Mängel kurzfristig zu beseitigen sind, „sobald nur einige großmütige Männer" dazu bereit wären. Mancher Geschäftsmann besitzt Bücher, „die er jetzt selbst nicht mehr nutzen kann, die er aber vielleicht mit edler Willigkeit für arme Jünglinge zu einer bleibenden Schulbibliothek gäbe, sobald nur ein glücklicher Anfang dazu aufriefe. Landkarten, andre Bücher und Instrumente könnten, zum Teil sehr wohlfeil auf Auktionen gekauft werden, sobald einiger Fond da wäre." Herder wagte, den Herzog „zu einem kleinen jährlichen Fond für diese so notwendigen Hilfsmittel des Unterrichts ... anzuflehen." Es sei ein „edler Fond zur Bildung der Humanität." Jeder Pastor und jeder Gelehrte, der in Fürstlichen Diensten steht, sollte einen Taler zu diesem Schulfond entrichten. Herder selbst werde jährlich in der Stadt- und

Hofkirche eine Schulpredigt halten, bei der eine Kollekte gesammelt würde. Neben der *„Realschule für nützliche Bürger“* enthält Herders Plan *„ein wissenschaftliches Gymnasium für Studierende.“*

Herders Gesuch hatte Erfolg, denn der Herzog bewilligte die Anschaffung von Landkarten, mathematischen Instrumenten, Büchern, Schreibmaterialien, Papier, Tinte und anderen Hilfsmitteln zur Verbesserung des Unterrichts und gewährte ein Geldgeschenk sowie einen jährlichen Betrag. Herder wurde im Vertrauen auf „seine bekannten Einsichten“ und seine Liebe zur Jugend „freie Hand“ gelassen, um die Einrichtung des Gymnasiums zu verbessern. 1787 gab Herder ein „Buchstaben- und Lesebuch“ für Schulanfänger heraus. Im folgenden Jahr gelang ihm die Einrichtung eines Lehrerseminars für Landschulen. Im August 1787 wurde er zum Ehrenmitglied der Berliner Akademie der Wissenschaften und 1789 der Berliner Akademie der Künste sowie zum Ehrenmitglied der Akademie der Volsker in Velletri ernannt.

Anlässlich der Reifeprüfungen hielt Herder bedeutende Schulreden. Sie enthalten die Summe seiner pädagogischen Ansichten und gehören zu den wichtigsten Dokumenten der Pädagogik am Ende des 18. Jahrhunderts. Herder schreibt: „Mit Anlagen kommen wir auf die

Welt; ausgebildet werden diese Anlagen nur durch Übung. ... Was aus uns werden soll, muss in uns durch Übung werden." - „Der Wort-Unterricht, die tote Lehre, das Lektionen-Lernen, Nachschreiben usw., sind, so lange nicht ... Lust und Liebe ... dazu kommen, tote Wörter, und werden den Kindern bald ekelhafte Namen. Lust und Liebe macht alles leicht; Übung *beseelt* jedes Werk, indem sie die Anlage in uns zur selbstbewussten Kraft, Fähigkeit zu Fertigkeit erhöht.

Durch Übung erhielt man den Preis in allen Kampfspielen. ... Durch unablässig fortgesetzte Übung allein wird man [in] seiner Kunst Meister." Nachdrücklich forderte Herder zum Selbstdenken und zur Klarheit der Begriffe auf. Er schreibt: „*Seine* Gedanken *kann* mir der Lehrer nicht eingeben [oder] eintrichtern; *meine* Gedanken ... muss er wecken; damit sie *meine* Gedanken sind. ... Der beste Prüfstein also, ob jemand etwas erfasst hat, ist, ... dass er es selbst vortragen kann, nach seiner eignen Art, mit seinen eignen Worten." - „Das ewige Wenden und Drehen vom Subjekt aufs Prädikat, vom Prädikat aufs Subjekt" ist nur ein „Wortgähnen, wo man den Mund zur rechten und linken [Seite], auf- und abwärts zieht und doch nichts" herausbringt als einen „Fuhrmannslaut". Nur unsere eigenen Worte bezeichnen unsere „eignen Gedanken." Durch Übung kann man also seine kreativen Anlagen, Begabungen und Talente steigern. „Man suche, was wahr und dauernd und auf's edelste glücklich macht, [und] dem schenke man unablässigen Fleiß, Studium und Kräfte." Herder stellte fest: „Zu viele wollen heute Buchstabenmänner werden. O werdet *Geschäftsmänner*. ... Ein Handwerker, ein Künstler, ein Geschäftsmann ist gewiss der brauchbarere Mensch vor so vielen unnützen, halbgelehrten Buchstabenmännern! Wie jetzt die Zeiten laufen, wird die Achtung der Geschäftsmänner zunehmen, dagegen bei der schrecklichen Konkurrenz" [auch diesen Begriff kannte Herder schon!] „und großen Menge der Unwürdigen [muss] die Achtung der Buchstabenmänner abnehmen, ... und es kann vielleicht eine Zeit kommen, da sie verhungern." - „Nicht Halbgelehrte, sondern gebildete, nützliche, geschickte Menschen braucht unsere Zeit." Herder ermahnt: „In ruhigen Zeiten darf man vielleicht träumen; unsere Zeit ... rüttelt uns vom Schlaf auf." - „Nur durch Fleiß,

Übung und Anspannung der Kräfte wird das hohe Ziel errungen; dem Schlummernden, Schlendernden bleibt es unerreicht; er liegt am Boden, oder taumelt fort auf dem alten ausgetretnen Wege." Es gelte aber neue Wege zu gehen. „... Wie sehr ruft uns die Zeit zu ... größerer Anstrengung, ... Munterkeit und Gewandtheit" auf. Herder bezeichnete die Schulen „als Werkstätten des Geistes Gottes, oder des heiligen Geistes." Er erwähnt einige bedeutende Wissenschaftler und hinterfragt: Wodurch haben sich denn die großen Genies aller Zeiten ausgezeichnet? „Wesentlich waren sie nicht anders gebaut, als andere Seelen", aber „sie konnten einen Gedanken länger festhalten und von allen Seiten verfolgen, eine und dieselbe Arbeit länger betreiben; sie hatten sich mehr geübt." Diese Intensität der Seelenkräfte machte jenen Roger und Francis Bacon, Johannes Kepler und Isaac Newton, den Philosophen Leibniz, den schwedischen Naturforscher Carl von Linné und viele andere tüchtige, erfahrene und nützliche Leute. „Schwierigkeiten, Gefahren, Hindernisse ... besiegten sie; so wurden sie Überwinder." Der Schlendrian dagegen „gelangt zu nichts."

Herder setzte sich auch kritisch mit seinem Zeitalter auseinander: „... Unsre Zeit [ist] darauf eingerichtet, die Vielwisserei und Vieltuerei zu befördern. ... Unsre Zeit läuft so schnell. ... Die ins Fieber gejagte Industrie der Menschen bringt in wilden Träumen bunte Ungeheuer hervor, die dem verwirrten tollen Geschmack unsrer Zeitgenossen das flüchtige Vergnügen des Unerhörten, des Niegesehenen, des Neuen geben, ihre Sinne aufreizen und mit dem Verderbnis des guten Geschmacks wenigstens die Gewinnsucht befriedigen. Solche Geschmacksverderber stehen auf dem bunten Markt der Welt jetzt an allen Ecken, vor allen Pforten. ... Sie schreien [uns] ins Ohr: ›Kauft hier! kauft da, kauft lange und kurze War[e], gemalt[es] neumodisch[es] Band! - Orgelum, Orgelei, dudeldum dudeldei!‹ ... Sehe man die Flut der neuen Bücher, die Trödelbuden gängiger Romane! Bemerke man den wüsten Theatergeschmack oder Ungeschmack der Deutschen, wo das Beste mit dem schlechtesten wechselt."

Im Juli 1787 kam Friedrich Schiller nach Weimar. In einem Brief vom 12. August berichtet er seinem Freund Christian Gottfried Körner:

„Am vorigen Sonntag hört' ich Herdern zum ersten Mal predigen. ... Die ganze Predigt glich einem Diskurs, den ein Mensch allein führt, äußerst plan, volksmäßig, natürlich. Es war weniger eine Rede als ein vernünftiges Gespräch. Ein Satz aus der praktischen Philosophie, angewandt auf gewisse Details des bürgerlichen Lebens – Lehren, die man ebensogut in einer Moschee als in einer christlichen Kirche erwarten könnte. Einfach wie sein Inhalt ist auch der Vortrag, keine Gebärdensprache, kein Spiel mit der Stimme, ein ernster und nüchterner Ausdruck. Es ist nicht zu verkennen, dass er sich seiner Würde bewusst ist. ... Er fühlt sich als einen überlegenen Kopf, von lauter untergeordneten Geschöpfen umgeben. Herders Predigt hat mir besser als jede andre, die ich in meinem Leben zu hören bekommen habe, gefallen - aber ich muss Dir aufrichtig gestehen, dass mir überhaupt keine Predigt gefällt. ... Eine Predigt ist für den gemeinen Mann – der Mann von Geist, der ihr das Wort spricht, ist ein beschränkter Kopf, ein Phantast oder ein Heuchler. ... Die Kirche war gedrängt voll, und die Predigt hatte das große Verdienst, nicht lange zu dauern."
Nach seinem ersten Besuch bei Herder schreibt Schiller: „Seine Unterhaltung ist voll Geist, voll Stärke und Feuer, aber seine Empfindungen bestehen in Hass und Liebe." Und über Herders Ehe teilt er mit: „Herder und seine Frau leben in einer egoistischen Einsamkeit. ... Aber weil beide stolz, beide heftig sind, so stößt diese Gottheit zuweilen unter sich selbst aneinander. Wenn sie also in Unfrieden geraten sind, so wohnen beide abgesondert in ihren Etagen, und Briefe laufen Treppe auf, Treppe nieder, bis sich endlich die Frau entschließt, in eigner Person in ihres Eh'gemahls Zimmer zu treten, wo sie eine Stelle aus seinen Schriften rezitiert mit den Worten: ›Wer das gemacht hat, muss ein Gott sein, und auf den kann niemand zürnen.‹ - Dann fällt ihr der besiegte Herder um den Hals und die Fehde hat ein Ende." Über Herders Haushaltsführung berichtet Schiller: „Schlechter sind diese Gottheiten bestellt, wo sie wieder an die Sterblichkeit grenzen. So weiß man zum Beispiel, dass Fleischer und Schneider Hunderte an sie zu fo[r]dern haben, und zwar seit acht und zehen Jahren. Einer Magd, die aus dem Dienst geschickt wurde und welche ihren sehr hoch angelaufenen Lohn fo[r]derte, setzte die Frau Generalsuperintendentin höchst eigenhändig eine

Rechnung von allem zerbrochenen Küchengeschirre auf, dass nur noch 2 oder 3 Taler zu bezahlen übrigblieben. Preiset Gott, dass Ihr nicht unsterblich seid!“

Herders Frau vergötterte ihren Mann. Wer ihm widersprach, widersetzte sich auch ihr. Goethe sprach von ihrer „Elektranatur“. Sie hielten sich einen Diener und ein Mädchen, lebten über ihre finanziellen Verhältnisse und machten ständig Schulden. Caroline war nicht sparsam, aber auch Herders Kuraufenthalte, seine ständig wachsende Bibliothek und die Erziehung ihrer acht Kinder verschlangen Unsummen an Geld. Wiederholt wandte sich Caroline an Goethe, aber auch an den Herzog sowie an die Herzogin um Hilfe. Oft wurde diese auch gewährt. Auch Wieland unterstützte Herders Familie finanziell. Der Herzog Carl August bat Herder zu einer vertraulichen Unterredung und gewährte ihm eine jährliche Gehaltszulage von 300 Talern aus der herzoglichen Schatulle, die ihm ab 1. April 1788 zugesichert wurde. Fast zur gleichen Zeit, nämlich am 10. März, hatte Herder durch die Post ein anonymes Geldgeschenk von 2000 rheinischen Florins in Dukaten erhalten. Die Sendung kam aus Eisenach, und der Briefumschlag war versiegelt. Herder, der oberste Geistliche des Landes, dankte Gott in einer öffentlichen Predigt von der Kanzel herab, dass er ihm von ungenannter Seite dieses große Präsent übermittelt habe. Die Armen und Ärmsten der Gemeinde unten auf den Kirchenbänken werden sich dabei verwundert angeschaut und geraunt haben. Herder und seine Frau haben nie erfahren, von wem das großzügige Geldgeschenk kam. Die Absenderin war die Herzogin Luise. Herder musste schreiben, um Geld zu verdienen, möglichst viel Geld. Seine Honorarforderungen an den Verleger Hartknoch waren mitunter maßlos. Dieser gewährte ihm Vorschüsse und steckte sein Kapital auch in schwer absetzbare Bücher. Herder stellte sich dem poetischen Wettstreit. Die Arbeit an seiner großen Kulturphilosophie „Ideen zur Philosophie der Geschichte der Menschheit“ unterbrach er, um mit kleineren Arbeiten rasch Geld zu verdienen, aber auch um nicht vergessen zu werden. Denn inzwischen konnten zur nächsten Ostermesse neue Werke von Goethe, Schiller oder Wieland erscheinen. Herder und seine Frau waren neidisch auf den Erfolg der anderen. Dieser Neid fraß an ihnen und zerstörte das gute Verhältnis zu Goethe, untergrub aber auch Herders Gesundheit. Schiller nannte Herders Charakter „pathologisch“. So wetterte Herder auch gegen die rohen Sitten der Studenten. Schillers „Räuber“ lehnte er ab. Bei der Aufführung der „Räuber“ sangen die Studenten jedesmal das Räuberlied mit. Es heißt:

„Ein freies Leben führen wir,
Ein Leben voller Wonne,
Der Wald ist unser Nachtquartier,
Der Mond ist unsre Sonne!“

Herder schimpfte, es sei ein „verdammtes, ruchlos-kannibalisches Räuberlied“. Es verherrliche die Ausschweifung und den frechen Eigendünkel. Er erhob „höheren Ortes“ Einspruch dagegen, dichtete das Lied um und verlangte ernsthaft, sie sollten dafür singen:

„Der Muse Leben führen wir,
Ein Leben voller Wonne,
Bescheidenheit ist unsre Zier,
Die Wahrheit unsre Sonne!“

Aber darauf hatte Herder keinen Einfluss. Er teilte Schiller mit: „Unsereiner arbeitet an ›Christlichen Schriften‹, die Ihr Unchristen nicht leset.“ Herder beklagte sich auch, dass Goethe, Schiller und der Herzog kaum seine Predigten besuchten.

»O mein Italien! Dich muss ich einmal sehen!«

Herders Italienreise 1788/89

Im April 1788 erhielt Herder eine Einladung des Trierer Domherrn Johann Friedrich Hugo von Dalberg, ihn auf einer Reise nach Italien zu begleiten. Damit erfüllte sich ein Traum seiner Jugend. Einst hatte er seiner Schwester das Land seiner Träume auf einer Karte gezeigt und dabei ausgerufen; „O mein Italien! Dich muss ich einmal sehen." Kurz vor seiner Reise erreichte ihn die Nachricht, dass sein Freund Johann Georg Hamann am 21. Juni 1788 in Münster (Westfalen) gestorben war. Er wollte auf seiner Rückreise nach Königsberg Herder in Weimar besuchen. Herder beklagte den Verlust seines Freundes: „Hamann ist tot, in Münster gestorben, und im Garten der trefflichen Fürstin [Gallitzin] begraben. - Einer meiner ältesten Freunde. ... Er stirbt und ich habe ihn nicht gesehen, er hat mich nicht besuchet ... O ich kenne ihn, wie ihn keiner kennt und ehre seine Asche wie eines Propheten." - „Die Nachricht hat meinen Kopf heut' so verwirret, dass ich mich noch gar nicht zu finden weiß. Abermals ein großes Band meines Lebens zerrissen; und allmählich wird's immer einsamer um mich her."
Am 6. August verließ Herder mit seinem Diener Werner die Stadt an der Ilm und reiste über Gotha, Bamberg, Nürnberg nach Augsburg. Dort traf er auf den Freiherrn von Dalberg, der ihm diese Reise ermöglicht hatte. Aber dieser war nicht allein, sondern hatte seine Geliebte, die exzentrische Sophie Friederike von Seckendorff, mitgenommen. Dadurch fühlte sich Herder ständig zurückgesetzt. Es waren auch wahrlich sehr ungleiche Reisegefährten: ein protestantischer Generalsuperintendent, ein katholischer Würdenträger und dessen adlige Geliebte. Dies führte zu Spannungen, worüber sich Herder in den Briefen an seine Frau bitter beklagte. Caroline antwortete daraufhin sehr aufgebracht: „Das niederträchtige Weib ist ja nicht wert, dass man sich durch sie ärgre, und sie lebt in ihrem

Herder mit Freunden in Rom

Hurensinn fröhlich dahin." Finanziell war Herder völlig auf die Gnade seines Gastgebers angewiesen, so dass er sich von Caroline Geld schicken ließ, um nicht ständig als Bittsteller aufzutreten.
Die Reisegesellschaft fuhr über Innsbruck, Bozen, Trient, Rovereto, Verona, Bologna, Rimini, Ancona, Loretto, Spoleto und Terni nach Rom.
Am Nachmittag des 19. September 1788 erreichten die Reisenden die Ewige Stadt am Tiber. Herder besuchte die Peterskirche und stieg hinauf „bis oben zum Kreuz", er sah das Museum Clementinum, die Sixtinische Kapelle, zahlreiche Kirchen, die Villa Borghese, die Villa Ludovisi, das Pantheon, das Capitol, das Colosseum und viele andere Sehenswürdigkeiten. Überwältigt von der Fülle der Kunstwerke und Altertümer meinte er: „Rom ist so groß und reich: eine Welt von dritthalbtausend Jahren ist hier zu suchen und zu finden, alles liegt so weit auseinander, und hat Ideen neben und vor sich, dass ich mir jeden Tag unwissender dünke. Ich habe 1000 Sachen im Kopf und noch keine Zeile schreiben können, was ich gesehen habe. Da vergisst man Papst und Kardinäle." Aber zahlreiche Höflichkeitsbesuche und Audienzen, seelenlose Gespräche und die Launen der Frau von Seckendorff trübten seine Freude. Erst als er sich von dem Freiherrn von Dalberg und dessen Geliebter getrennt hatte, konnte er sich frei fühlen. Nun erwachte auch seine Produktivität wieder, um die gewonnenen Eindrücke zu verarbeiten. Seiner Frau teilte er mit: „Ich bin gesund und fleißig, treibe Italienisch, sehe, betrachte, schreibe auf, lerne. ..." Und in einem anderen Brief heißt es: Ich „bitte Dich um nichts als um *Licht, Liebe* und *Leben*, wie mein altes Petschaft saget." Mit diesem Wahlspruch siegelte er auch seine Briefe.

Herder erfuhr auch Ehrenbezeigungen. In einer Gesellschaft wurde er als Bischof von Weimar vorgestellt. Aber ein Abt warf ihm vor: „Wie kann ein angesehener deutscher Geistlicher die ihm anvertraute Herde so lange ohne Aufsicht und Weide lassen?" Herder war um die Antwort nicht verlegen, sondern erwiderte dem italienischen Amtsbruder: „In Deutschland haben wir zum Glück die Stallfütterung eingeführt."

In Rom lernte Herder die Maler Friedrich Bury, Johann Friedrich Reiffenstein, Johann Georg Schütz, die Malerin Angelika Kauffmann und Antonio Zucchi kennen, der seit 1781 mit Angelika Kauffmann verheiratet war. Freude fand Herder in der Betrachtung der Plastiken: „Ich studiere, so oft ich kann, täglich 3 Stunden an diesen Gestalten der alten Welt, und betrachte sie als einen Kodex der Humanität in den reinsten, ausgesuchtsten, harmonischen Formen." Am 19. Oktober 1788 besuchte er das „größte Museum der Welt", das Museum des Vatikans, wo er all die Götter und Helden, Kaiser und Philosophen der Antike mit Fackelbeleuchtung sah, so „dass die Statue recht ins Licht kommt; das war ein schöner Anblick." Er sah Herkules, Jupiter und Diana, „Faunen in mancherlei Stellung: eine schöne Heldin Amazone" u. a. „Da kehrte sich denn die Venus, wie sie aus dem Bade steigt, am Licht der Fackel umher, und ließ uns ihren schönen Rücken und Hintern sehen." Herder bedauerte, dass er nicht zeichnen könne, „weil diese Dinge sich nicht durch Worte, sondern durch Linien und Formen allein ausdrücken lassen."

Anfang Oktober 1788 war die Herzoginmutter Anna Amalia in Begleitung ihrer Hofdame Luise von Göchhausen und ihres Kammerherrn Friedrich Hildebrand von Einsiedel in Rom eingetroffen, und Herder schloss sich bald darauf ihrer Gesellschaft an. Er folgte auch ihrer Einladung, sie nach Neapel zu begleiten. Am 1. Januar 1789 verließen sie Rom und nach drei Tagen erreichten sie die Hafenstadt Napoli, die damals etwa 400.000 Einwohner hatte. Sie war damit größer als Rom. Dort fühlte sich Herder „neugeboren und verjüngt." Er unternahm Ausflüge nach Pompeji und Herculaneum und bestieg den Vesuv. Hier erlebte Herder den Höhepunkt seiner italienischen Reise. Voller Begeisterung berichtete er am 6. Januar 1789 seiner Frau: „Vom drückenden Rom befreit, fühle ich mich wie einen ganz andern Menschen, wiedergeboren an Leib und Seele. ... Ich glaube, man vergisst hier die ganze Welt und wünscht, mit den Seinigen hier nur zu sehen und zu atmen. Wir wohnen am Meer mit der schönsten Aussicht. ... Hier ist eine Welt, die Gott gemacht hat, Gesundheit, Ruhe und Leben. Ich glaube es den Neapolitanern, dass, wenn Gott sich eine gute Stunde machen will, er sich ans himmlische Fenster legt und auf Neapel herabsiehet." Und sechs Tage später schrieb ihr Herder: „Auf meiner ganzen Reise habe ich mich nicht befunden wie hier, ich esse und trinke für vier Personen und es bekommt mir recht wohl. ... Und wenn der König mich hier irgendwo zum Erzbischof machte, und der Papst mir erlaubte, Dich und die Meinigen zu behalten: so kämst Du mit den sechs Kindern nach, oder vielmehr, ich holte Dich ab, und wir wollten hier leben." Inspiriert von dem „Zauberanblick" der reizvollen Natur, erwachte auch Herders literarische Kreativität wieder. In Neapel entstanden mehrere Gedichte Herders. Sogar zwei Amtshandlungen nahm er hier vor. Der deutsche Generalsuperintendent vermählte in französischer Sprache und nach der englischen Liturgie zwei Brautpaare in Italien, die ohne ihn „noch lange nach einem protestantischen Geistlichen hätten warten können."

Im Gegensatz zu Neapel erschien ihm Rom wie „ein Grabmal des Altertums" bzw. „wie ein böses Kloster". Am 20. Februar 1789 war er dorthin zurückgekehrt, aber alsbald begann er zu klagen. Am 7. März 1789 seufzte er: „Gottlob, dass wieder acht Tage in dem traurigen Rom vorüber sind! Ich kann der Hauptstadt der Welt keinen Geschmack abgewinnen, vielmehr wird sie mir von Tage zu Tage mehr lästig. ... Rom ist mir ein totes Meer, und die Blasen, die darauf emporsteigen, um bald zu zerknallen, sind für mich nicht erfreulich."

Umso angenehmer gestaltete sich die Freundschaft zu Angelika Kauffmann, die ihm die letzten Monate seines zweiten römischen Aufenthalts verschönerte. Sie fertigte ein Porträt von Herder an. Schwärmerisch schrieb er seiner Gemahlin, sie sei eine „zarte und edle Seele, ... vielleicht die kultivierteste Frau in Europa." Unbekümmert teilte er seiner Gattin mit, dass er ihr einige Male die Stirn geküsst habe. Sie habe ihm „ein kleines goldnes Kettchen an den Finger" gesteckt. „Überhaupt, liebes Weib, ist diese Frau eine wahre Perle der Freundschaft und Unschuld." In einem anderen Brief schreibt Herder: „Die Angelika ist gar lieb und hold: leider aber durch die fatale Kunst, in der sie obgleich wie ein Engel existieret, und von Kindheit auf existiert hat, auf ihrem Stamme vertrocknet. Sie ist eine Dichterin mit dem Pinsel, und hat eine sehr zarte Empfindung.

... Sie ... ist überhaupt eine zarte Engelsfrau, oder vielmehr Jungfrau, das sie leider noch sein mag."
Eine erneute Einladung Anna Amalias, ihr Gesellschaft zu leisten und den Sommer 1789 wieder in Neapel zu verbringen, lehnte Herder ab. Am 15. Mai trat er die Heimreise an. Sie führte über Siena und Pisa zunächst nach Florenz. Dort hielt er sich neun Tage auf, sah die berühmte Mediceische Venus und die Niobe und meinte: „Sie allein sind wert, dass man nach Florenz reiset." Zu den Einwohnern stellte er fest: „Die Florentiner sind ein viel feineres Volk als die stolzen und groben Römer. Ich wollte, dass ich zuerst nach Florenz gegangen wäre und in einer seiner Städte Italienisch gelernt hätte; hier bekommt man Lust zum Italienischen, in Rom nie. Es ist auch in der Sprache ein Babel, ein Tummelplatz der Völker; das Eselsgeschrei, mit welchem dort die Damen ihre schönen Reden anfangen, das Oh, Ha, Eh, Ih und dergleichen liebliche Akzente höret man hier nie."
Weiter ging die Rückreise über Bologna, Venedig, Padua, Verona, Mailand, Bozen, Innsbruck, München und Nürnberg. Nach elfmonatiger Italienreise traf Herder am 9. Juli 1789, morgens um 2 Uhr, wieder in Weimar ein. Darüber berichtet er: „In meinem Hause war alles bereit, mich zu empfangen; nur fehlte der Schlüssel zur Haustür, mich hereinzulassen, und so musste ich also die Gefälligkeit haben, etwas zu warten, bis meine Frau vermutlich ihren Liebhaber zur Hintertür hinaus in den Garten geschafft hatte." Die ganze Reise kam ihm wie ein Traum vor, aber es sei „ein angenehmer Traum", so sehr er dort auch „auf Italien geschimpft habe".

Die Bilanz seiner Italienreise lautet: „Um wie manches hat mich die Reise klüger gemacht, wie viel Seiten meines Wesens hat sie leise und unleise berührt, die ich sonst kaum kannte. Das weiß ich gewiss, sie hat mir die Augen über die Menschen tausendfach geöffnet, und mich recht gezwungen, den wahren Wert des Lebens zu finden, und insonderheit Treue und Liebe schätzen zu lernen, weil es ihrer in der Welt so wenig gibt. ... Italien und in specie Rom ist also freilich für mich eine hohe Schule gewesen, nicht sowohl aber der Kunst, als des Lebens."

»Humanität ist der *Charakter unsres Geschlechts*«

Bildung zur Menschlichkeit 1789 - 1803

Zorniger Goethe mit Brief

Der Sturm auf die Bastille, das alte Pariser Staatgefängnis, am 14. Juli 1789 markiert den Beginn der Französischen Revolution. Sie wurde in Herders Familie voller Sympathie diskutiert. Leidenschaftlich schrieb Caroline 1792 an Friedrich Heinrich Jacobi: „Die Sonne der Freiheit geht auf, das ist gewiss und dass dies nicht allein das Geschäft der Franken, sondern der Zeit ist. In Deutschland werden wir noch eine Weile im Finstern sitzen, doch erhebt sich der Morgenwind hie und da." Herder erklärte: „Für mich will ich es nicht leugnen, dass unter allen Merkwürdigkeiten unsres Zeitalters die Französische Revolution mir beinah als die wichtigste erschienen ist und meinen Geist oft mehr beschäftigt, selbst beunruhiget hat, als mir selbst lieb war." Dieses Ereignis beeinflusste auch Herders Geschichtsphilosophie. Bis zum Beginn der Jakobinerdiktatur brachte ihr Herder großes Interesse entgegen, bewertete sie als politisches Hauptereignis der Epoche und als den Beginn einer neuen Zeit. Er verurteilte aber die gewaltsamen Umwälzungen und Verwirrungen. In seinem Aufsatz

„Tithon und Aurora" (1792) kennzeichnete er Revolutionen als „Zeichen der Barbarei, einer frechen Macht, einer tollen Willkür", denen er eine ruhig fortschreitende *„natürliche vernünftige Evolution der Dinge*" entgegensetzte. Die Regenten forderte er auf, durch Reformen einer Revolution zuvorzukommen, um sie dadurch unnütz und zuletzt unmöglich zu machen. Dennoch war dies keine generelle Absage an die Ideen der Französischen Revolution, denn trotz zahlreicher Enttäuschungen über ihren Verlauf blieb Herder von ihrer historischen Notwendigkeit überzeugt.

Herder erwog mehrfach, Weimar zu verlassen, um eine Professur in Göttingen anzunehmen. Goethe setzte sich beim Herzog nachdrücklich dafür ein, Herders Weggang nach Göttingen zu verhindern. Carl August unterbreitete ihm ein großzügiges Angebot, um ihn fester an Weimar zu binden. Er beglich Herders Schulden, die nach seiner Rückkehr aus Italien etwa 1800 bis 2000 Taler betrugen. Im August 1789 erfolgte seine Ernennung zum Vizepräsidenten und 1801 zum Präsidenten des Oberkonsistoriums, der höchsten Kirchen- und Schulbehörde des Herzogtums. Sein Gehalt betrug danach 1800 Taler. Herder gab daraufhin seine Pläne, Weimar zu verlassen, auf. Trotz dieser großzügigen Zugeständnisse blieb er unzufrieden, fühlte sich einsam und unverstanden. Caroline hatte insgesamt sieben Söhne und eine Tochter geboren, wobei ein Sohn im Alter von vier Monaten gestorben war. Der Herzog hatte regelmäßig Zuschüsse für die Ausbildung der Kinder gezahlt, diese aber nicht erhöht, als Gottfried und August zur Universität gingen. Daran waren Herders allerdings selbst schuld, weil sie es versäumt hatten, dem Herzog den Studienbeginn ihrer Söhne mitzuteilen. Immer neue Geldforderungen von Caroline Herder führten schließlich zum Zerwürfnis. Von Schulden bedrängt, schrieb sie ohne Wissen ihres Mannes an die Herzogin Luise und an Goethe. Der Herzog versprach Gottfrieds Studium zu finanzieren und August zunächst in einer juristischen Kanzlei zu beschäftigen, doch dies lehnte Caroline Herder als Eingriff in die Vaterrechte strikt ab, weil August Bergbau studieren wollte. Da ihre übertriebenen Ansprüche nicht erfüllt wurden, schimpfte sie auf Goethe und nannte ihn „eine Wolfsnatur". In einem Brief an

Goethe vom 14. Oktober 1795 erhob sie heftige Vorwürfe gegen den Herzog: „Dulden Sie nicht, dass der Herzog sein Versprechen so schnöde brechen will. ... Wodurch hat mein Mann diese Treulosigkeit verdient? Lassen Sie uns nicht aufs Äußerste bringen, ich bitte Sie dringend. Ich kann beweisen, dass mein Mann seine große Krankheit durch die anhaltende Arbeit im Konsistorium bekommen hat. Wer bezahlt uns diesen Verlust? Ich bitte Sie, retten Sie Ihre und des Herzogs Ehre! Ich habe lange genug geschwiegen ..."

Goethe antwortete: „Wie ich Ihre heftigen, leidenschaftlichen Ausfälle, ihren Wahn, als wenn Sie im vollkommensten Rechte stünden, Ihre Einbildung, als wenn niemand außer Ihnen Begriff von Ehre, Gefühl und Gewissen habe, ansehen muss, das können Sie sich vielleicht einen Augenblick vorstellen. Ich erlaube Ihnen, mich wie einen andern Theaterbösewicht zu hassen; nur bitte ich, mich klar zu deuten und nicht zu glauben, dass ich mich im fünften Akt bekehren werde. – So denke ich und so werde ich denken, ... wie Sie denken, sehe ich aus Ihrem Brief. ... Ich werde keine Replik auf dieses Blatt lesen. – Können Sie sich in Absicht auf die Unterhaltung und Versorgung der Kinder dem Herzog nähern, so lassen Sie es mich durch Knebel wissen. Ich weiß wohl, dass man dem das Mögliche nicht dankt, von dem man das Unmögliche gefordert hat; aber das soll mich nicht abhalten, für Sie und die Ihrigen zu tun, was ich tun kann. Goethe."

Der Herzog gab schließlich nach, ließ nochmals 600 Taler an Herder auszahlen und sorgte auch für die Ausbildung der Kinder. Doch damit war auch der endgültige Bruch zwischen Goethe und den Herders besiegelt. Goethe erklärte später: „Herders Frau sei an allem schuld gewesen mit ihrem unbiegsamen Spatzenkopf; ihre Anforderungen an den Hof seien ins Grenzenlose gegangen und der Herzog habe unmenschliche Geduld bewiesen und sich wahrlich nichts gegen Herders vorzuwerfen. Herdern selbst müsse man vieles wegen seiner steten Kränklichkeit zugute halten, leider habe er die Reizbarkeit und Bitterkeit im Urteil, die ihm von Jugend auf angeklebt, ins Alter hinübergetragen. ... Je mehr man Herder geliebt, je mehr habe man sich von ihm entfernen müssen, um ihn nicht totzuschlagen."

Herder am Stehpult

Neben der Amtstätigkeit hatte Herder auch seine geschichtsphilosophischen Studien fortgeführt. Im Frühjahr und Sommer 1791 entstand der vierte Teil der „Ideen zur Philosophie der Geschichte der Menschheit". Er war davon überzeugt, dass auf der Erde eine organisch-genetische Kraft wirke. Das höchste Glied in der Entwicklung des Lebens sei die Menschheit und das Ziel dieser Entwicklung sei die Erziehung des menschlichen Geschlechts zur Humanität. Außerdem verfasste Herder „Briefe, die Fortschritte der Humanität betreffend, oder Humanistische Briefe". Unter dem Eindruck der Französischen Revolution wollte er darin sein politisches Glaubensbekenntnis niederlegen, doch unter den verschärften Zensurbedingungen wagte er es nicht, die Urfassung der Humanitätsbriefe zu veröffentlichen. Von 1793 bis 1797 erschienen die überarbeiteten „Briefe zu Beförderung der Humanität" in zehn Sammlungen. In Form eines fingierten Briefwechsels behandelte er darin allgemeine Fragen zur Erziehung und Vervollkommnung des Menschengeschlechts. Er entwirft auch ein utopisches Friedensprogramm. Dazu wählte er das Gleichnis einer indianischen „Friedensfrau". Diese trägt „sieben Gesinnungen" vor. Gleich die erste Gesinnung lautet „Abscheu gegen den Krieg": „Der Krieg, wo er nicht erzwungene Selbstverteidigung, sondern ein toller Angriff auf eine ruhige benachbarte Nation ist, ist ein unmenschliches, ärger als tierisches Beginnen, indem nicht nur der Nation, die er angreift, unschuldigerweise Mord und Verwüstung droht, sondern auch die Nation, die ihn führet, ebenso ... schrecklich hinopfert." Eindringlich warnt Herder auch vor den Folgen des Krieges, die schrecklicher seien als dieser selbst, wie „Krankheiten, Lazarette, Hunger, Pest, Raub, Gewalttat, Verödung der Länder, ... Zerstörung der Familien und Verderb der Sitten auf lange Zeit." Nicht Krieg, sondern „Friede ist der Naturzustand des unbedrängten menschlichen Geschlechts." Herder betont auch: „Der Name *Menschenrechte* kann ohne *Menschenpflichten* nicht genannt werden; beide beziehen sich aufeinander. ... So auch *Menschenwürde* und *Menschenliebe.*"

Herder war vor allem ein Prediger der Humanität. Er schreibt: „Humanität ist der Zweck der Menschennatur, und Gott hat unserem Geschlecht mit diesem Zweck sein eigenes Schicksal in die Hände gegeben." Das Menschengeschlecht soll zu dessen Wert und Würde gebildet werden. Humanität ist der Charakter unseres Geschlechts; er ist uns aber nur in Anlagen angeboren. ... Wir bringen ihn nicht fertig auf die Welt mit; auf der Welt aber soll er das Ziel unsres Bestrebens... sein. ... Das Göttliche in unserm Geschlecht ist die Bildung zur Humanität." Herder betont vor allem die ethischen und christlichen Werte. Er meint, alle Menschen haben die Möglichkeit, human zu werden. Sie sind es nicht von Geburt an, sondern müssen dazu erzogen werden. Und diese Erziehungsarbeit ist eine „Kunst unsres Geschlechts". Diese Bildung dürfe nie aufhören, sondern müsse in jeder Generation fortgesetzt werden, oder wir sinken „zur rohen Tierheit, zur Brutalität zurück." Dazu bemerkte er: *„Briefe zu Beförderung der Brutalität* wird doch kein ehrliebender Mensch wollen geschrieben haben." Die Aktualität dieser christlichen Werte ist unverkennbar. Sie enthalten eine ernste Mahnung zu humanistischer Verantwortung und können als Herders Vermächtnis angesehen werden. In den „Humanitätsbriefen" heißt es auch: „Alle Völker Europas (andre Weltteile nicht ausgeschlossen) sind jetzt im Wettstreit, nicht der körperlichen, sondern der Geistes- und Kunstkräfte miteinander." Herders Humanitätsauffassung beruht auf dem Fortschrittsglauben der Aufklärung, auf der Vorstellung, dass die Menschheit im Verlauf der Geschichte einer Höherentwicklung und Vervollkommnung entgegenstrebe. Dieser Optimismus besitzt eschatologischen Charakter, ist also eine Art Lehre von den letzten Dingen. Der erstrebte Endzustand der Menschheit, ihre geschichtliche Vollendung, ist für Herder gleichbedeutend mit der endgültigen Verwirklichung der Humanität. Er betrachtet diese als Wertmaßstab für die gesamte Menschheitsgeschichte. Dabei sah er - im Gegensatz zu Goethe und Schiller - die höchste Ausbildung der Humanität nicht bei den Griechen. Diese haben zwar die Künste auf eine kaum wieder erreichte Höhe gehoben. Doch im sittlich-moralischen Leben habe dies keine Entsprechung gefunden, denn die Sklaven waren vom Kunstgenuss ausgeschlossen. Dazu bemerkt Herder sarkastisch: „Stellet griechische Statuen hin, dass jeder Hund an sie pisset, und ihr könnt dem Sklaven, der täglich daran vorbei geht, kein Gefühl geben, zu merken, dass sie da sei und er ihr gleich werde. So habt ihr damit einen Zaunpfahl hingesetzt, an der er sich lehne und seinen geschundenen Rücken reibe." Herder meinte, auch die Kunst habe sich der Humanität unterzuordnen. Im Unterschied zu Goethe und Schiller war Herders Humanitätsideal nicht so stark auf das Ästhetische bezogen, sondern vor allem ethisch bestimmt. Er meinte, die vom Himmel geregnete Kunst sei eine „klassische Luftblase", ein „Paradiesvogel". Herder verurteilte die feudalen Raub- und Eroberungskriege, die koloniale Ausplünderung sowie den Neger- und Sklavenhandel. Er wandte sich gegen eine unverständliche Belehrung, die die Fassungskraft des Volkes übersteigt. Die Gelehrten sollten das Volk aufklären. So schlug er vor: „Du Philosoph und du Plebejer, macht einen Bund, um nützlich zu werden."

Zur Kreativität bedurfte Herder „die drei Göttinnen aller guten Arbeit: Zeit, Lust und Kraft." Vor allem über den Mangel an Zeit klagte er oft. Mitunter hatte er eine Schrift bereits gedanklich entwickelt, nur die Muße zur Ausarbeitung und Niederschrift fehlte ihm. Dann meinte er: „In meinem Kopf liegt alles fertig."

Herders kreatives Denken fand in einem besonderen Zustand statt, in einem Zustand der Entspannung zwischen Wachen und Schlafen, in dem die Gedanken und Einfälle unbeschwert zirkulieren. Dazu äußerte er: „Denn wenn ich etwas schreibe, so wach' ich und schlaf' ich nie; des Nachts im Bett wälzt es sich in mir herum; ich bin immer wie in einem Traum." In schlaflosen Stunden sprang er plötzlich aus dem Bett und ging im Zimmer auf und ab, wodurch er wieder Herr seiner Ideen wurde. Das Schreiben diente ihm auch als Therapie oder um persönlichen Ärger zu verdrängen, denn im Formulieren und schriftlichen Festhalten liege eine seelenreinigende Kraft. So empfahl er dem kränklichen Jacobi: „Für Deine Gesundheit kann ich Dir keinen bessern Rat geben, als *schreib* Dich gesund. Du musst *schreiben*. Wenn ich mich übel befinde und die Krankheit anwandeln sehe, reinige ich meinen Leib und schreibe. Da operiert die Seele die Krankheit leise hinweg." Im November 1797 teilt Caroline Herder ihrem Sohn August mit: „Der Vater arbeitet fast Tag und Nacht, um sich zu vergessen. Manchmal ist er sehr traurig." Herder selbst schrieb seinem Sohn: „Mein Kopf ist mir ganz warm. ›Johannes‹ und ›die Evangelisten‹ gottlob gehen heut' fort. Der sechste [Teil] der ›Zerstreuten Blätter‹ ist gedruckt, der neunte Teil der ›Humanitätsbriefe‹ auch; nun fehlt der zehnte, an welchem ich mit allen Kräften arbeite."

Für Schillers Zeitschrift „Die Horen" verfasste Herder einige Aufsätze. Es war die Zeit, als Goethe und Schiller ihre „Zahmen Xenien" veröffentlichten. Das war ihre Abrechnung mit der Mittelmäßigkeit und Charakterlosigkeit der zeitgenössischen Literatur. Herder bemerkte dazu am 7. Oktober 1796 in einem Brief an Gleim: „Wir indessen, lieber guter Bester, wollen beim Alten bleiben, und uns lieb und wert halten. Wir haben mehrere solcher Katzbalgereien durchlebt und wissen, was aus ihnen wird." Zu Wieland pflegte er seit den neunziger Jahren des 18. Jahrhunderts engere Beziehungen. Von den alten Freunden hielten ihm Gleim, Böttiger und Knebel die Treue. Eine neue Herzensfreundschaft knüpfte er zu Jean Paul. Gern empfing Herder seine Freunde zu geselligen Gesprächen, bei denen auch gescherzt wurde.
Während einer Tee-Gesellschaft im Dezember 1796 schimpfte Wieland über die Schweine, deren Schöpfung er dem lieben Gott nie verzeihen könnte, und die er voller Empörung als „Anti-Grazien" bezeichnete. Ihre Tierheit sei ihm schon in der Vorstellung ein Abscheu. Herder verteidigte ihre Ehre aus drei Gründen:

1. weil sie mit dem Menschen die größte Ausbreitung auf der Erde haben,
2. weil sie in ihrem inneren Bau so viel Ähnlichkeit mit dem Menschen haben,
3. weil sie echte Republikaner sind.

Als er vorigen Sommer auf einem Landgut die Ökonomiegebäude besah, sagte der Ökonom, dass beim Schreien eines sämtliche Schweine in Aufruhr und mitfühlende Angst gerieten. Die Probe wurde auf der Stelle gemacht und ein Schwein am Hinterfuß gezerrt. Auf einmal erhob sich in allen benachbarten Schweinekoben ein allgemeines Klagegeschrei. Die Koben wurden geöffnet, und die Sauen sprangen von allen Seiten dahin, woher das ängstliche Geschrei erscholl, so

dass sich die anwesenden Personen kaum vor ihnen retten konnten. „Ja, das ist eben die Brutalität dieser Sansculotten“, erwiderte Wieland, und erzählte eine Anekdote, die er noch in Biberach erlebt hatte: Dort war in einem Eichenwald eine Herde Schweine auf der Mast. Der dicke Hofmeister des Grafen Stadion hatte sie zum Spaß mit Feuer geärgert. Daraufhin waren sie mit Heereskraft auf ihn eingestürmt und zwangen ihn, sich auf einen Baum zu flüchten. Als sie ihn dort nicht erwischen konnten, fingen sie an, die Wurzeln des Baumes herauszuwühlen und versuchten so, den Baum zu fällen, was schließlich auch geschehen wäre, wenn nicht der Hirte und der Jäger noch zu Hilfe gekommen wären. Sonst wäre er von der Schweineherde ermordet worden.
Der Schotte James Macdonald, der auch zugegen war, wunderte sich über diese „Schweine-Dissertation“ und flüsterte Karl August Böttiger ins Ohr: „Das ist in der Tat ein starkes Stück, dass solche Männer wie Mister Herder und Mister Wieland sich so tief in einen Disput über Schweine einlassen können. Wie würden meine Landsleute lachen, wenn sie das hörten!“

Herder konnte auch sehr liebenswürdig sein. Caroline Schlegel schildert ihre Eindrücke nach einem Besuch bei Herder im Dezember 1796: „Wer mich entzückt und fast verliebt gemacht hat, das ist Herder. ... Madam Herder habe ich mir kleiner, sanfter, weiblicher gedacht. Aber für die fehlgeschlagne Erwartung hat mich der Mann belohnt. Der kurländische Akzent stiehlt einem schon das Herz, und nun die Leichtigkeit und Würde zugleich in seinem ganzen Wesen, die geistreiche Anmut in allem, was er sagt – er sagt kein Wort, das man nicht gern hörte – so hat mir denn seit langer Zeit kein Mensch gefallen, und es scheint mir sogar, dass ich mich im Eifer sehr verwirrt darüber ausgedrückt habe.“

An der Universität Jena lehrte seit 1794 der Philosoph Johann Gottlieb Fichte, der auch ein Verfechter Kants war. Er hatte einen Aufsatz veröffentlicht: „Über den Grund unseres Glaubens an eine göttliche Weltregierung“. Darin führte er den Glauben an das Göttliche auf den menschlichen Wunsch nach eigener moralischer Bestimmung zurück.

Dieser Aufsatz löste den sogenannten „Atheismusstreit" aus. Fichte wurde vorgeworfen, er sei ein Gottesleugner. In einem scharfen Schreiben an das Ministerium verbat sich Fichte jede Einmischung und drohte mit Rücktritt. Junge Theologen, die in Jena studiert hatten, kamen zum Examen nach Weimar und brüsteten sich mit ihrer Unwissenheit. Auf Herders Fragen gaben sie freche Antworten. Anschließend entschuldigten sie sich und gaben an, sie hätten es im Studium nicht anders gehört. Ein Kandidat schrieb einen Aufsatz gegen die Ehe, die er für ein Unrecht hielt. Trotzdem verlangte er in Bittschriften an das Oberkonsistorium ein geistliches Amt. Diese Arroganz und Verachtung alles Ehrwürdigen unter der akademischen Jugend war Herder zuwider. Er, der sonst für die Freiheit der akademischen Lehrtätigkeit eingetreten war, sah tatenlos zu, als Fichte 1799 in Jena entlassen wurde, und schrieb darauf zwei dicke Bände. Sie erschienen im Frühjahr 1799 unter dem Titel „Eine Metakritik zur Kritik der reinen Vernunft". Es ist eine Schmähschrift, die sich gegen Kants Erkenntnistheorie richtet. Ein Jahr später veröffentlichte Herder die Schrift „Kalligone", in der er sich kritisch mit Kants Ästhetik auseinandersetzt. Darin resümiert er seine Auffassungen vom Wesen des Schönen und dem darin zum Ausdruck kommenden Gesetz einer künstlerischen Aneignung der Realität. Nach Herders Auffassung ist die Schönheit „der sinnliche, zu empfindende Ausdruck einer Vollkommenheit." Das Schönheitsempfinden ist jedoch der Entwicklung unterworfen und abhängig von unserem Bewusstwerden. Daraus leitet Herder die Forderung nach der ästhetischen Erziehung der Menschheit ab, um eine Verbesserung des Geschmacks zu erreichen. Natur und Kunst bilden keinen Gegensatz wie bei Kant. Am Ende seiner Schrift „Kalligone" formuliert Herder seinen programmatischen Entwurf für die Zukunft, „die *Poesie der Natur* mit der *sittlichen Poesie*" zu vereinigen. Die wissenschaftlichen Erkenntnisse seiner Zeit erschienen ihm wichtig für die Ausbildung der Humanität, für die ethische Höherentwicklung der Menschheit. Mit deutlicher Absage an Kants „Kritik der reinen Vernunft" schrieb er: „Wie Nebelsterne durchs Fernrohr sich in Milchstraßen auflösen: so entwickelt sich uns aus dunkeln Empfindungen eine Welt von Gegenständen, Farben, Tönen, sobald der Verstand sich zu ihrer Erkennung ein Werkzeug zu verschaffen weiß. Viele Nebel sind aufgelöset, andre werden aufgelöset werden; die Aussicht muntert auf; ein Unendliches liegt außer und in uns, zu dem wir kommen mögen; dagegen der kritischen Philosophie zufolge die uns einwohnende Törin Vernunft a priori ewig und ewig nach Wortphantomen jaget."

Im Grunde betont Herder, dessen letzte Lebensjahre durch die Auseinandersetzung mit Kant überschattet waren, das einzigartige, unvergleichliche Individuum, das sich durch kritischen Verstand und soziale Gefühlsfähigkeit auszeichnet und sich frei von jeglicher Fessel vervollkommnen kann. Es ist die Betonung des Selbst und des Ich, die Forderung nach dem Selbstdenker und das Vertrauen auf die eigene Kraft und Wirksamkeit, nur sich selbst gehorchend.

Im Jahre 1801 erwarb Herders Sohn Adelbert das Landgut Stachesried, nordöstlich von Regensburg gelegen. Es war mit einer Hypothek von 82801 rheinischen Gulden belastet. Der frühere adlige Besitzer hatte jedoch ein Rückkaufsrecht, weil in Bayern dem Adel das Privileg zustand, von jedem Bürgerlichen, der ein adliges Gut erwirbt, dieses während des ersten Jahres für den gleichen Preis zurückzukaufen. Herder erfuhr davon erst nach dem Abschluss der Kaufverhandlungen. Der Gutsbesitz konnte also nur durch einen Adelsbrief gesichert werden. Im Sommer 1801 reiste Herder mit seiner Frau nach Stachesried zu Besuch. Nun ersuchte Herder um den bayerischen Adelstitel und bat den Grafen Görtz um Fürsprache. Dieser war inzwischen Reichstagsgesandter in Regensburg. Er lobte Herders große Verdienste und hatte damit Erfolg. Am 8. Oktober 1801 wurde Herder das Adelsprädikat vom Kurfürsten Maximilian Joseph von Bayern verliehen. Aber der Herzog Carl August von Sachsen-Weimar-Eisenach wollte diesen bayerischen Titel nicht anerkennen. Erst durch Goethes Vermittlung lenkte er schließlich ein. Es war das letzte, was Goethe für Herder tun konnte. Dass er es trotz Entfremdung tat, spricht für Goethes Großmut. Herder dankte ihm und schrieb: „Für die freundschaftliche Verwendung in der bewussten Sache danke ich auf's verbundenste und sehe der langsam kommenden Gunst [des Herzogs] gemächlich entgegen. ... Der Deinigste Herder."

1799 plante Herder eine Zeitschrift herauszugeben, für die er zunächst die Titel „1800" oder „Hesperus" vorschlug, speziell für die Jahre 1799 und 1800. Ab 1801 sollte das Periodikum „Aurora", nach der Göttin der Morgenröte, genannt werden. Von 1801 bis 1803 erschien sie dann unter dem Titel der rächenden und strafenden Schicksalsgöttin „Adrastea", der „hohen Göttin über Recht, Vernunft und Maß". Dieses Journal wurde von Herder gemeinsam mit Wieland im Park von Oßmannstedt erörtert. Darüber sprach Wieland zu Böttiger: „Und hier - indem wir bald am Ende der großen Lindenallee zum Wohnhause zu an eine große Brücke gelangt waren, wo in dem Schattengewölbe in der Sonnenschwüle es stets kühl blieb – hab' ich mit unserm *Herder* den Plan zu seiner *Aurora für's neue Jahrhundert* besprochen, aus welcher nun, dem eisernen Gebot der Zeit gemäß, eine lehrende, strafende *Adrastea* geworden ist." Jährlich sollten vier Hefte erscheinen. Fast alle Aufsätze verfasste Herder selbst, nur Johann Georg Müller und Knebel bat er um Mitarbeit. Herder verkündet: „Das neue Jahrhundert schaffen wir: denn Menschen bildet die Zeit und Menschen schaffen Zeiten. ... Beiden Adrasteen, der Wahrheit und Gerechtigkeit, widmet sich diese Zeitschrift." Herder verteidigt die Positionen der europäischen Aufklärung. Ihm ging es um „die Anwendung der Wissenschaften auf die Kultur der Menschen". Dies sei sein „Glaubensbekenntnis". Diese Vision hat programmatischen Charakter und kann als Herders Vermächtnis gelten. Er wollte das Schrifttum der „sogenannten goldnen Zeiten des 18. Jahrhunderts" darstellen. Ausführlich würdigt er die englische und französische Literatur und behandelt die verschiedenen Genres, wie Drama, Epos, Romanze, Volksgesang, Musik und Oper. Er lobt den „zauberischen Mozart". Wieland und Klopstock reiht er unter die großen Epiker ein, aber Goethe würdigt er nicht. Herder erwähnt August den Starken, durch dessen Verdienst Dresden „ein deutsches Florenz" geworden ist. Daraus ist die Bezeichnung „Elbflorenz" entstanden. Herder setzt sich auch kritisch mit seiner Zeit auseinander. So verurteilt er die Kolonialherrschaft der Engländer in Indien und schreibt: „Sie lehren und taufen die Völker durch Geld, um Geld." Dabei kommt es ihnen nur auf den Gewinn an; das andere „ist nur eine anständige Bekränzung", und von „der echten Humanität reiner

Beziehungen in einer glücklichen Völkerverbindung" ist keine Rede. Alle Völker sollen gleichberechtigt mitarbeiten an der „Gesamtkultur der Menschheit".

Die Resonanz auf Herders Zeitschrift war zwiespältig. Schiller schimpfte am 20. März 1801: „Diese Adrastea ist ein bitterböses Werk, das mir wenig Freude gemacht hat. ... Herder verfällt wirklich zusehends, und man möchte sich zuweilen im Ernst fragen, ob einer, der sich jetzt so unendlich trivial, schwach und hohl zeigt, wirklich jemals außergewöhnlich gewesen sein kann. ... und dieses erbärmliche Hervorklauben der frühern und abgelebten Literatur, um nur die Gegenwart zu ignorieren, oder hämische Vergleichungen anzustellen."

Wieland dagegen hatte das erste Stück der „Adrastea" mit „innigem Vergnügen ... gelesen und wiedergelesen", lobte Herders Geschichtsauffassung und meinte, so müsse die Geschichte dargestellt werden, „wenn sie wirklich mehr wert sein soll als Feenmärchen." In einer Rezension schreibt Wieland, die „Adrastea" sei ein „aus dem rechten Standpunkte *überschauliches* Gemälde des achtzehnten Jahrhunderts". Jeder Leser könne sich daraus „die gegenwärtigen Erscheinungen in der politischen und moralischen Welt erklären, die Stufe der Kultur und Humanität, worauf wir stehen, genau bestimmen, und was für Früchte das Neunzehnte Jahrhundert von der Bestellung und Aussaat des Achtzehnten zu erwarten hat, ... mit ziemlicher Wahrscheinlichkeit erraten und berechnen".

Der Schluss des 9.und der Beginn des 10. Stücks der „Adrastea" enthält Herders freie Nachdichtung des spanischen Nationalepos „Der Cid". Es handelt sich um die Geschichte des spanischen Nationalhelden Don Rodrigo Diaz (eigtl. Don Ruy Diaz), des Grafen von Bivar, der im 11. Jahrhundert gegen die Mauren kämpfte. Das volksliedartige Epos ist Herders bekanntestes poetisches Werk.

Im Sommer 1802 reiste Herder mit seiner Frau zu einem Kuraufenthalt nach Aachen. Nach der Konfirmation am zweiten Pfingsttag 1803 zog sich Herder eine starke Erkältung zu. Sein Gesundheitszustand verschlechterte sich, so dass er wieder einen Erholungsaufenthalt brauchte. Diesmal entschloss er sich, die böhmischen Bäder Franzensbad und Eger aufzusuchen. Seine Frau blieb in Weimar. Unterwegs besuchte Herder seinen zweiten Sohn August, der Bergamtsassessor in Schneeberg im Erzgebirge war. Der Aufenthalt erquickte Herder wie ein „Luftbad". Aber sein Sohn hatte eine Abhandlung über den Galvanismus verfasst. Der Vater las diese Schrift und witterte den Einfluss von Johann Gottlieb Fichte. Herder schimpfte und schalt: „Aller Fichtianismus muss weg, zu Anfang, Mitte und Ende. Was soll dieser einem Werkmann? ... Tu mir aber nicht die Kränkung an, dass Du als ein Fichtianer schreibst. ... Ich hasse alle Isten und Aner auf den Tod und zerstoße Dir die Feder, wenn Du so erscheinst."

Von Schneeberg reiste Herder weiter nach Franzensbad. Während des Kuraufenthalts erwachte wieder Herders Schaffenslust. Auf eine Preisfrage, die vom Pariser Institut de France ausgelobt wurde, verfasste er einen Entwurf zum Thema: „Welchen Einfluss hat die Reformation Luthers auf die politische Lage der verschiedenen Staaten Europas und auf die Fortschritte der Aufklärung gehabt?" Allerdings blieb es bei diesem Entwurf. Die geplante größere Abhandlung kam, wie so viele Pläne und Projekte Herders, nicht zur Ausführung. So formulierte er selbst die Frage, die als Leitmotiv seines Wirkens gelten kann: „Fragment des Lebens, was warest du?"

In Eger traf er eine alte Freundin, Frau von Berg. Mit ihr reiste er über Teplitz und Karlsbad nach Dresden. Dort wurde ihm viel Aufmerksamkeit und Ehre zuteil. Herder erhielt Einladungen zu Mittagessen und zu Teegesellschaften des Adels und wurde sogar vom Kurfürsten empfangen, der mit Interesse seine Zeitschrift „Adrastea" las. Am 18. September 1803 traf Herder wieder in Weimar ein. Doch bald erkrankte er wieder. Um das 10. Stück der „Adrastea" zu vollenden, raffte er sich auf und arbeitete weiter. Es enthält Ankündigungen neuer Arbeiten, darunter auch eine Buchausgabe der Cid-Romanzen. Mehrere Schlaganfälle warfen ihn nieder. Er sah bei völligem Bewusstsein sein Ende nahen, doch er hatte einen unbeugsamen

Lebensmut und wollte noch soviel leisten. In dieser Zeit sagte er oft: „Ach wenn mir nur eine neue, große, geistige Idee woher käme, die meine Seele durch und durch ergriffe und erfreute - ich würde auf einmal gesund!“ - „In guten Stunden arbeitete er an der ›Adrastea‹ fort bis zu der herzergreifenden Stelle, womit sich das zehnte Stück schließt; - er wollte noch etwas hinzusetzen“, aber der Tod nahm ihm die Feder aus der Hand, ohne diese Arbeit vollenden zu können, „und so blieb das Blatt auf seinem Schreibpult offen liegen.“ Die letzten Verse Herders lauten:

„In neue Gegenden entrückt
Schaut mein begeistertes Aug' umher - erblickt
Den Abglanz höh'rer Gottheit, ihre Welt,
Und diese Himmel, ihr Gezelt!
Mein schwacher Geist, in Staub gebeugt,
Faßt ihre Wunder nicht - und schweigt.“

Am Morgen des 18. Dezember 1803 fiel er in einen sanften Schlaf. Abends um halb elf verstarb er. Drei Tage später, am 21. Dezember, wurde er in der Stadtkirche St. Peter und Paul, in der er 26 Jahre lang gepredigt hatte, unter dem Geläut aller Glocken feierlich beigesetzt. Die gusseiserne Grabplatte zeigt neben den Lebensdaten eine Gloriole, die eine sich in den Schwanz beißende Schlange bestrahlt. Sie ist das Sinnbild der Ewigkeit. Im Schlangenkreis stehen die griechischen Buchstaben α (Alpha) und Ω (Omega) für Anfang und Ende von Gott. Daneben findet sich Herders Wahlspruch „Licht - Liebe - Leben“. Es sind die drei Zentralworte aus dem Johannes-Evangelium. - Herder, ein Träger des Lichts und Verkünder der christlichen Botschaft, ein Apostel der Liebe und Humanität als Bestimmung des Menschen und als Vorstufe höheren Daseins, ein Prophet neuen Lebens, rastlosen Wirkens und der Entfaltung aller Kräfte. – Eine glückliche Symbiose: Licht und Liebe in der Einheit des harmonisch-menschlichen Lebens.

Herders Bedeutung und Aktualität

Johann Gottfried Herder war einer der einflussreichsten Denker des 18. Jahrhunderts, Vordenker und Theoretiker des Sturm und Drang, der Klassik und Romantik. Seine Leistung bestand vor allem darin, die literarischen und philosophischen Zeugnisse nicht als normative Regeln anzusehen, sondern ihre Form, Sprache und Thematik in Frage zu stellen, dabei das überlieferte Wissen neu zu durchdenken und es als schöpferischen Impuls weiterzugeben. Er rückte den kreativen Prozess in den Mittelpunkt des Interesses und fragte: „Was ist für die Menschen würdiger und wichtiger als die Produktionen menschlicher Kräfte, die Geschichte menschlicher Bemühungen, und die Geburten unseres Verstandes zu untersuchen?" Er hatte bereits das Leistungsprinzip betont und erklärt: „Wem viel gegeben ist, der hat auch viel zu leisten."

Er erweckte ein neues Geschichtsbewusstsein, das den Fortschrittsoptimismus der Aufklärung überwand und dafür den Entwicklungsgedanken propagierte. Auch auf den Gebieten der Anthropologie, Pädagogik, Ethnographie und Völkerpsychologie war er konzeptionell äußerst anregend. Durch seine Tätigkeit als Übersetzer weckte er das Verständnis für die Eigenarten der verschiedenen Völker und Kulturen. Er verstand die Poesie und Kunst als eine Welt- und Völkergabe. Das Wesen einer Nation komme am schönsten in den Volksliedern zum Ausdruck. Herder hat die Begriffe „Volkslied" und „Zeitgeist" geprägt und verwendete die Bezeichnungen „Weltaufklärung" und „Selbstbildung". Auch der Ausspruch: „Eine schöne Menschenseele finden ist Gewinn" geht auf ihn zurück.

Der Dichter Jean Paul schrieb über Herder: „Wenige Geister waren auf die große Weise gelehrt wie er. ... So zeigte er die griechische Humanität, der er den Namen wiedergab, in der zärtlichsten Achtung aller rein menschlichen Verhältnisse und in einem Lutherischen Zorn gegen alle von Religionen oder vom Staat geheiligten Gifte derselben. ... Wie herrlich, unversöhnlich entbrannte er gegen jede kriechende Brust, gegen Schlaffheit, Selbstzwist, Unredlichkeit und poetische Schlammweiche sowie gegen deutsche kritische Roheit und gegen jeden Zepter in einer Tatze; und wie beschwor er die Schlangen der Zeit! Aber wolltest du die süßeste Stimme hören, so war es seine in der Liebe, es sei gegen ein Kind oder ein Gedicht oder die Musik oder in der Schonung gegen Schwache."

Wieland, der die erste Anregung zu Herders Berufung nach Weimar gegeben hatte, schrieb: „Er war seit vielen Jahren der beste und liebste meiner Freunde, ein seltner Mann, desgleichen an Geisteskraft, an Scharfblick und Zartheit des Gefühls, an Güte des Herzens, an ausgebreitetsten Kenntnissen und (was allem diesem den höchsten Wert gab) an unermüdlicher seltner Anstrengung aller seiner großen Kräfte zur uneigennützigsten Tätigkeit zu Beförderung dessen, was er für die höchste Angelegenheit des Menschengeschlechts hielt, vielleicht in manchem Jahrhundert nicht wieder geboren werden dürfte. Was er war, wird erst lange nach seinem Tode gehörig erkannt, geschätzt und benutzt werden. ..."

Herder war vor allem ein Prediger der Humanität und hat den Humanitätsbegriff der Weimarer Klassik zur vollen Geltung erhoben. Er betonte: „Humanität ist der Zweck der Menschennatur, und Gott hat unserm Geschlecht mit diesem Zweck sein eigenes Schicksal in die Hände gegeben." Die Aktualität dieser christlichen Werte ist unverkennbar. Sie enthalten eine ernste Ermahnung zu humanistischer Verantwortung und können als Herders Vermächtnis angesehen werden.

Zeittafel zu Herders Leben und Werk

25. August 1744: Johann Gottfried Herder wird in Mohrungen (Ostpreußen) geboren. Sein Vater, Gottfried Herder, ist Schullehrer und Küster und versieht zugleich das Amt des Kantors bei der polnischen Gemeinde; seine Mutter, Anna Elisabeth, stammt aus der Familie des Schuhmachermeisters Peltz. Johann Gottfried Herder ist das dritte von fünf Kindern.

Januar 1761 - Frühjahr 1762: Anstellung als Schreiber bei dem Diakon der Mohrunger Stadtkirche Sebastian Friedrich Trescho, bei dem er auch wohnt. In Treschos Bibliothek ausgiebige Lektüre klassischer und zeitgenössischer literarischer Werke.

Sommer 1762: Herder verlässt Mohrungen und reist mit dem Regimentsarzt Johann Christian Schwartz-Erla nach Königsberg. Studium der Theologie an der Königsberger Universität. Herder besucht die philosophischen und naturwissenschaftlichen Vorlesungen Immanuel Kants und gehört zu dessen engerem Schülerkreis. Freundschaft mit Johann Georg Hamann und Johann Friedrich Hartknoch. Herders erstes Gedicht „Gesang an Cyrus" erscheint.

1764: Lehrer an der Domschule in Riga; Prediger an zwei Rigaer Vorstadtkirchen

1767/68: Herders Fragmente „Über die neuere deutsche Literatur" erscheinen anonym.

1769: Seereise nach Frankreich; Arbeit am „Journal meiner Reise im Jahr 1769" (vollständiger Erstdruck 1846); Aufenthalt in Nantes und in Paris; „Kritische Wälder".

1770: Auf dem Weg nach Kiel Aufenthalt in Hamburg: Bekanntschaft mit Lessing, Freundschaft mit Matthias Claudius. Reise nach Eutin, der Residenz des Fürstbischofs von Lübeck. Herder wird Erzieher und Reisebegleiter des Erbprinzen Peter Friedrich Wilhelm von Holstein-Gottorp.

17. Juli - 3. September 1770: Erster Teil der Bildungsreise mit dem Erbprinzen. Stationen sind Hamburg, Hannover, Göttingen, Kassel und Darmstadt. In Darmstadt lernt Herder Caroline Flachsland, seine

spätere Frau, kennen. Die Reise führt über Mannheim, Heidelberg und Karlsruhe weiter nach Straßburg.

4. September 1770 - Anfang April 1771: Aufenthalt in Straßburg, um sich an einer Tränenfistel operieren zu lassen. Bekanntschaft mit Goethe.

1771: Oberprediger und Konsistorialrat in Bückeburg, der Residenz der Grafschaft Schaumburg-Lippe. Herders Schrift „Abhandlung über den Ursprung der Sprache" erhält den Preis der Akademie der Wissenschaften zu Berlin.

13. Juli - Ende Juli 1772: 1. Kuraufenthalt in Pyrmont (heute: Bad Pyrmont)

2. Mai 1773: Eheschließung mit Maria Carolina Flachsland in Darmstadt. Aus der Ehe gehen 8 Kinder hervor (7 Söhne und eine Tochter). Herder gibt die Blätter „Von deutscher Art und Kunst" heraus.

1774: „Auch eine Philosophie der Geschichte zur Bildung der Menschheit"; „An Prediger. Fünfzehn Provinzialblätter"; „Älteste Urkunde des Menschengeschlechts". 1. Band. (Der 2. Band erscheint 1776); 7. Juli - 21. Juli 1774: 2. Kuraufenthalt in Pyrmont gemeinsam mit seiner Frau Caroline.

1775: Die Schrift „Ursachen des gesunknen Geschmacks bei den verschiednen Völkern, da er geblühet" wird von der Berliner Akademie ausgezeichnet; Ende Juli 1775: Begegnung mit Gleim in Pyrmont.

1776: Auf Wielands Empfehlung und auf Betreiben Goethes wird Herder als Generalsuperintendent nach Weimar berufen. 1. Oktober 1776: Ankunft in Weimar; 20. Oktober: Antrittspredigt in der Stadtkirche St. Peter und Paul.

1778: „Vom Erkennen und Empfinden der menschlichen Seele"; „Lieder der Liebe, die ältesten und schönsten aus dem Morgenlande"; Herders Volksliedersammlung erscheint (2. Teil 1779), ab 1807 unter dem Titel „Stimmen der Völker in Liedern".

1780: „Vom Einfluss der Regierung auf die Wissenschaften und der Wissenschaften auf die Regierung" (Preisschrift); „Briefe, das Studium der Theologie betreffend", 1. und 2. Teil.

1781: „Über die Wirkung der Dichtkunst auf die Sitten der Völker in alten und neuen Zeiten"; von der Bayerischen Akademie der Wissenschaften preisgekrönt.

1782/83: „Vom Geist der hebräischen Poesie", 2. Bände (in Herders Schreibweise „Ebräische Poesie").

1784: „Ideen zur Philosophie der Geschichte der Menschheit" (4 Teile: 1784-1791).

1785: „Zerstreute Blätter". 1. Sammlung; 1. Kuraufenthalt in Karlsbad.

1786: „Zerstreute Blätter". 1. Sammlung; 2. Reise nach Karlsbad.

1787: „Gott. Einige Gespräche"; Buchstaben- und Lesebuch; Herder wird Ehrenmitglied der Berliner Akademie der Wissenschaften.

1788: Auf Herders Anregung erfolgt die Einrichtung eines Lehrerseminars in Weimar. Idee zum ersten patriotischen Institut für den Allgemeingeist Deutschlands.

1788/89: Italienische Reise; Freundschaft mit Angelika Kauffmann

1789: Ernennung zum Vizepräsidenten des Oberkonsistoriums

1791: Dritte Badereise nach Karlsbad

1792: Kur in Aachen

1793-1797: „Briefe zu Beförderung der Humanität" (1.-10. Sammlung).

1799: „Metakritik zur Kritik der reinen Vernunft". Kritische Auseinandersetzung mit Kant

1800: „Kalligone", 1.-3. Teil. – Herders Streitschrift gegen Kants Philosophie, speziell gegen dessen Ästhetik.

1801: „Adrastea", 1. und 2. Teil. Herder erhält das Adelsprädikat durch den Kurfürsten Maximilian IV. Joseph von Pfalz-Bayern. Ernennung zum Präsidenten des Oberkonsistoriums, der höchsten Kirchen- und Schulbehörde des Herzogtums Sachsen-Weimar-Eisenach

1802: Der Cid. Nach spanischen Romanzen; „Adrastea", 3. und 4. Teil. Zweiter Kuraufenthalt in Aachen.

1803: „Adrastea", 5. und 6. Teil; Juli-September: Reise nach Schneeberg, Franzensbad, Eger und Dresden. 18. Dezember: Herder stirbt in Weimar; 21. Dezember: Beisetzung in der Stadtkirche St. Peter und Paul, die heute den Beinamen „Herderkirche" trägt.

Stichwortverzeichnis

Adrastea: griech. Rächerin, die Unentrinnbare. Beiname der Nemesis, der Göttin der ausgleichenden und strafenden Gerechtigkeit, eine Schicksalsgöttin, die den übermütigen Frevler früher oder später erreicht. Ihre Attribute sind Glücksrad, Zügel und Maß. Herder meint: „... Adrastea-Nemesis ... ist die, die im Verborgenen alles vergilt, alles lenket, alles regieret. Sie schützt den Unterdrückten und stürzt den Frevler; sie rächet und lohnet."

Barbier: Bartscherer, von barbieren: den Bart scheren, rasieren; auch Friseur

Bergamtsassessor: Assessor (lat.: Beisitzer) Anwärter der höheren Beamtenlaufbahn

Ceres: altitalienische Göttin der Fruchtbarkeit, der griechischen Demeter gleichgesetzt

Fistel: röhrenförmiger Kanal

Kaliban: halbtierisches Wesen in Shakespeares Drama „The Tempest" („Der Sturm")

Konsistorialrat: Amtstitel eines vom Landesherrn gewählten Mitgliedes des Konsistoriums, einer Behörde, die zur Aufsicht und Leitung der Kirche dient

Nemesis: (griech.): die Tochter des Erebus, der Finsternis und der Nacht. Sie ist die personifizierte Zuteilung von Lohn und Strafe und hat den Beinamen Adrastea.

Ornat: feierliche kirchliche Amtstracht

Palingenese: Wiedergeburt der Seele durch Seelenwanderung. Herder dachte sich die Unsterblichkeit als eine Seelenwanderung, als ewige Bewegung, Verwandlung und Aufstieg.

Pantheismus: Lehre, nach der Gott in allen Dingen der Welt existiert bzw. Gott und die Welt identisch sind. Der Pantheismus, also die Verehrung Gottes in seinen Geschöpfen, schien Herder mit dem Christentum vereinbar.

Pietismus (lat. piëtas) Frömmigkeit; ein Christentum des Herzens und der Gesinnung; evangelische Bewegung des 17. und 18. Jahrhunderts; betont die tätige Nächstenliebe als entscheidende christliche Haltung.

Pique: heimlicher Groll, Spitze, Stich, Anzüglichkeit

Schaluppe: großes Beiboot, einmastiges Segelboot oder Küstenfahrzeug

Superintendent: (lat. Oberaufseher), protestantischer Geistlicher, der die Aufsicht über einen Kirchenbezirk führt.

Thetis: Meeresgöttin, Gemahlin des Peleus, Mutter des Achilles

Xenien: kurze Sinngedichte; Titel der von Goethe und Schiller gemeinsam verfassten Sinnsprüche und spottenden Epigramme als Abrechnung mit der Seichtheit und Mittelmäßigkeit der zeitgenössischen Literatur; von Xenion (griech. Gastgeschenk). Goethe bezeichnete seine spätere Spruchdichtung als „Zahme Xenien“.

Literaturverzeichnis

Arnold, Günter: Herders Schadenfreude über den Misserfolg des Kantianismus in England. In: Herder Jahrbuch. Herder Yearbook, hg. von Rainer Godel und Karl Menges. Heidelberg XI/2012, S. 27-36.

Freitag, Egon/Juranek, Christian: Johann Gottfried Herder. Ahndung künftiger Bestimmung. Mit Beiträgen von Kurt Wölfel u. a. [erschienen anlässlich der Ausstellung der Stiftung Weimarer Klassik in Zusammenarbeit mit der Staatsbibliothek zu Berlin - Preußischer Kulturbesitz zum 250. Geburtstag von Johann Gottfried Herder], hg. von der Stiftung Weimarer Klassik – Goethe-Nationalmuseum. (Edition Weimarer Klassik; Bd. 2). Stuttgart und Weimar 1994.

Freitag, Egon: „Komu wiele dano, ten ma i więcej do zdziałania". Herder w Weimarze - „Wem viel gegeben ist, der hat auch viel zu leisten" - Herder in Weimar. In: Komunikaty Mazursko-Warmińskie, Nr. 1 (243). Olsztyn 2004, S. 49-57. [mit deutscher Zusammenfassung]

Gaier, Ulrich: Herders Volksbegriff und seine Rezeption. In: Tilman Borsche u. a. (Hrsg.): Herder im Spiegel der Zeiten. Verwerfungen der Rezeptionsgeschichte und Chancen einer Relektüre. München 2006, S. 32-57.

Groß, Sabine (Hrsg.): Herausforderung Herder. Herder as Challenge. Ausgewählte Beiträge zur Konferenz der Internationalen Herder-Gesellschaft, Madison 2006. Heidelberg 2010.

Haym, Rudolf: Herder nach seinem Leben und seinen Werken dargestellt. 2 Bde., Berlin 1880-1885. Neuausgabe: Mit einer Einleitung von Wolfgang Harich. Berlin 1954.

Heinz, Marion (Hrsg.): Herder-Handbuch. Paderborn, München u. a. 2014.

Herders Sämmtliche Werke, hg. von Bernhard Suphan. 33 Bände. Berlin 1877-1913.

Herder, Johann Gottfried: Werke in zehn Bänden. Hg. von Günter Arnold, Martin Bollacher, Jürgen Brummack, Christoph Bultmann, Ulrich Gaier, Gunter E. Grimm, Hans Dietrich Irmscher, Regine Otto, Rudolf Smend, Rainer Wisbert, Thomas Zippert. 10 in 11 Bdn., Frankfurt am Main 1985-2000.

Herder, Johann Gottfried: Werke. 3 Bände, hg. von Wolfgang Proß. München/Wien 1984-2002.

Herder, Johann Gottfried: Briefe. Gesamtausgabe 1763-1803. Unter Leitung von Karl-Heinz Hahn hg. von den Nationalen Forschungs- und Gedenkstätten der klassischen deutschen Literatur in Weimar; fortgeführt von der Klassik Stiftung Weimar (Goethe- und Schiller-Archiv). Bearbeitet von Wilhelm Dobbekt und Günter Arnold, 18 Bände. Weimar 1977-2015.

Herder, Johann Gottfried: Italienische Reise. Briefe und Tagebuchaufzeichnungen 1788-1789. Hrsg., kommentiert und mit einem Nachwort versehen von Albert Meier und Heide Hollmer. München 1989.

Herder Jahrbücher/Herder Yearbooks, hg. von Wulf Koepke, Wilfried Malsch, Rainer Godel, Karl Menges. Heidelberg 1992 ff.

Irmscher, Hans Dietrich: Johann Gottfried Herder (Reclams Universal-Bibliothek Nr. 17630). Stuttgart 2001.

Irmscher, Hans Dietrich: »Weitstrahlsinniges« Denken: Studien zu Johann Gottfried Herder, hg. von Marion Heinz und Violetta Stolz. Würzburg 2009.

Jacob, Joachim: Johann Gottfried Herders Fragmente über die neuere deutsche Litteratur und Heinrich Wilhelm von Gerstenbergs Briefe über Merkwürdigkeiten der Litteratur. Gibt es eine Poetik des Sturm und Drang? In: Buschmeier, Matthias/Kauffmann, Kai (Hrsg.): Sturm und Drang. Epoche - Autoren- Werke. Darmstadt 2013, S. 68-84.

Kantzenbach, Friedrich Wilhelm: Johann Gottfried Herder mit Selbstzeugnissen und Bilddokumenten. (rowohlts monographien, begründet von Kurt Kusenberg, hg. von Klaus Schröter). 8. Aufl., Reinbek bei Hamburg 2002.

Keßler, Martin: Johann Gottfried Herder – der Theologe unter den Klassikern. Das Amt des Generalsuperintendenten von Sachsen-Weimar. Teil I und II. Berlin/New York 2007.

Kohlhagen, Norgard/Sunnus, Siegfried: Eine Liebe in Weimar. Caroline Flachsland und Johann Gottfried Herder. Stuttgart 1993.

Leiner, Yann Philipp: Schöpferische Geschichte. Geschichtsphilosophie, Ästhetik und Kultur bei Johann Gottfried Herder. Würzburg 2012.

Maurer, Michael: Herder als periodischer Publizist und seine Beziehungen zu Verlegern. In: Greiling, Werner u. a. (Hrsg.): Vom Autor zum Publikum. Kommunikation und Ideenzirkulation um 1800. Bremen 2010, S. 159-170.

Ringert, Christel: Herder in Weimar. Geschichten und Zeugnisse aus seinem Leben. Bucha bei Jena 2003.

Schmidt, Arno: „Na, Sie hätten mal in Weimar leben sollen!" Über Wieland – Goethe – Herder, hg. von Jan Philipp Reemtsma. (Reclams Universal-Bibliothek Nr. 18979). Stuttgart 2014.

Sunnus, Siegfried (Hrsg.): Herder-Lesebuch (Insel-Taschenbuch Nr. 1609), Frankfurt am Main und Leipzig 1994.

Taszus, Claudia (Hrsg.): Vernunft • Freiheit • Humanität. Über Johann Gottfried Herder und einige seiner Zeitgenossen. Festgabe für Günter Arnold zum 65. Geburtstag. Eutin 2008.

Zaremba, Michael: Johann Gottfried Herder. Prediger der Humanität. Eine Biografie. Köln, Weimar, Wien 2002.

Personenregister

Abbt, Thomas (1738-1766): popularphilosophischer Schriftsteller; Herders Vorgänger als Konsistorialrat in Bückeburg; Vertrauter des Grafen Friedrich Ernst Wilhelm zu Schaumburg-Lippe. Herder verfasste eine Abhandlung „Über Thomas Abbts Schriften".

Alembert, Jean Le Rond d' (1717-1783): französischer Mathematiker, Naturwissenschaftler und Philosoph der Aufklärung

Bacon, Francis, Baron of Verulam (1561-1626): englischer Philosoph, Jurist und Staatsmann; 1618-1621 Lordkanzler; Begründer des englischen Empirismus, der die Erfahrung als einzige verlässliche Quelle der Erkenntnis betrachtet.

Bacon, Roger (um 1214-1294): englischer Philosoph und Naturforscher, Franziskanermönch

Balde, Jakob (1604-1668): bayerischer Hofprediger, Historiograph und Lyriker. Er war Jesuit; Professor der Rhetorik in Ingolstadt und München. Von Herder wiederentdeckt und übersetzt.

Bayern, Maximilian (IV.) Joseph, Kurfürst von (1756-1825): seit 1799 Kurfürst und ab 1806 König von Bayern. Er verlieh Herder am 8. Oktober 1801 den bayerischen Adelstitel.

Begrow, Zollkontrolleur in Riga (18. Jh.): Jugendfreund Herders

Berens, Georg (1739-1813): Kaufmann, Herders Freund in Riga

Berens, Gustav (1733-1780): Herders Reisebegleiter 1769

Berg, Caroline Friederike von (1760-1826): Freundin Herders

Böttiger, Karl August (1760-1835): klassischer Philologe und Pädagoge, durch Herders Vermittlung von 1791 bis 1804 Gymnasialdirektor in Weimar, seit April 1804 Direktor des Pageninstituts in Dresden

Bürger, Gottfried August (1747-1794): Lyriker, Balladendichter und Übersetzer, 1789 Professor der Ästhetik in Göttingen

Bury, Friedrich (1763-1823): Porträt- und Historienmaler

Busch, Amalia Reinholdina, geb. Tesch (1733-1792): Ehefrau von Nikolaus Jakob Busch: Herders Rigaer Freundin

Busch, Nikolaus Jakob (†1771): Kaufmann in Riga

Calvin, Johannes (1509-1564): französisch-schweizerischer Reformator

Cappelmann (18. Jh.): Geheimrat und 1769/70 Oberhofmeister des Erbprinzen Peter Friedrich Wilhelm von Holstein-Gottorp

Cicero, Marcus Tullius (106-43 v. Chr.; ermordet): römischer Staatsmann, Konsul und bedeutender Redner, Schriftsteller und Philosoph

Claudius, Matthias (1740-1815): Lyriker und Publizist, 1771-1775 Redaktion des Journals „Der Wandsbecker Bote"

Cranach, Lucas, d. Ä. (1472-1553): Maler und Zeichner der deutschen Renaissance, Freund Luthers, seit 1505 Hofmaler in Wittenberg, seit 1552 in Weimar

Dach, Simon (1605-1659): Barockdichter, Mitglied des Königsberger Dichterkreises, Hochzeitslied „Anke van Tharaw"; Herder übertrug es ins Hochdeutsche („Ännchen von Tharau") und nahm es in seine Volksliedersammlung auf.

Dalberg, Johann Friedrich Hugo von (1752-1812): Domherr in Trier

Dalberg, Karl Theodor Anton Maria von (1744-1817): Staatsmann; 1772-1787 Statthalter in Erfurt

Deiken (18. Jh.): Kaufmann in Pyrmont, bei dem Herder logierte, nahe dem Brunnenplatz (heute Brunnenstraße 43, gegenüber dem Ratskeller).

Cid, El (um 1043-1099): spanischer Nationalheld; eroberte 1094 das Maurenreich Valencia. Cid: arabischer Beiname von Rodrigo Diaz (eigtl. Ruy Diaz), Graf von Bivar. Das „Poema del Cid" (1140) ist das älteste überlieferte spanische Heldenlied; von Herder ins Deutsche übertragen und nach seiner Auffassung „das erhabenste Romanzen-Epos, das existiert."

Diderot, Denis (1713-1784): französischer Philosoph und Schriftsteller der Aufklärung

Diogenes von Sinope (um 412-323 v. Chr.): griechischer Philosoph, gilt als asketisches Ideal der Bedürfnislosigkeit, wohnte in einem Fass oder einer Tonne

Dohna-Schlodien, Graf Karl Florus von (1693-1765): Gutsbesitzer in Mohrungen

Domsien, Christoph Samuel (1730-1789): Pädagoge, Inspektor des

Collegium Fridericianum in Königsberg

Einsiedel, Friedrich Hildebrand von (1750-1828): Jurist, Schriftsteller und Übersetzer, 1775 Hofrat, seit 1776 Kammerherr der Herzogin Anna Amalia

Einsiedel, Johann August von (1754-1837): Philosoph; Herders Freund

Fichte, Johann Gottlieb (1762-1814): Philosoph, 1794-1799 Professor in Jena, danach in Berlin, 1811/12 erster gewählter Rektor der neu gegründeten Berliner Universität

Flachsland, Maria Carolina (Caroline) (1750-1809): seit 2.5.1773 Herders Frau

Fleming, Paul (1609-1640): bedeutendster Lyriker des Barock

Fontenelle, Bernard le Bovier de (1657-1757): französischer Philosoph und Schriftsteller der Frühaufklärung

Frisi, Paolo (1728-1784): italienischer Mathematiker

Gallitzin, Adelheid Amalia Fürstin von, geb. Gräfin von Schmettau (1748-1806): Ehefrau eines russischen Gesandten; seit 1779 in Münster; in ihrem Garten befindet sich das Grab Johann Georg Hamanns. Im Dezember 1792 besuchte Goethe die Fürstin und ging zu Hamanns Grab.

Gellert, Christian Fürchtegott (1715-1769): Dichter der Aufklärung

Gleim, Johann Wilhelm Ludwig (1719-1803): Lyriker der Aufklärung, 1747-1797 Domstiftssekretär und Kanonikus in Halberstadt

Johann Wilhelm Ludwig Gleim

Göchhausen, Luise Ernestine Christiane Juliane von (1752-1807): Hofdame der Herzogin Anna Amalia von Sachsen-Weimar-Eisenach

Görtz, Johann Eustachius Graf von Schlitz, gen. Görtz (1737-1821): preußischer Staatsmann, Erzieher der Prinzen Carl August und Constantin

Goethe, August von (1789-1830): Goethes Sohn

Goethe, Johann Wolfgang von (1749-1832): Dichter, Naturwissenschaftler, Kunsttheoretiker und Staatsmann; am 10. April 1782 geadelt

Goethe, Katharina Elisabeth, geb. Textor (1731-1808): Goethes Mutter

Grimm (ca. 1697-1767): seit 1752 Rektor der Stadtschule in Mohrungen, Herders Lehrer

Häfeli, Johann Kaspar (1754-1811): evangelischer Geistlicher aus Zürich, ab 1784 Hofprediger und Konsistorialrat in Wörlitz, seit 1793 Prediger in Bremen

Hamann, Johann Georg (1730-1788): gen. der „Magus in Norden", auch „Magus aus Norden": religiös-philosophischer Schriftsteller aus Königsberg. Herders Anreger und Freund. Er starb am 21. Juni 1788 in Münster (Westfalen).

Johann Georg Hamann

Hartknoch, Johann Friedrich (1740-1789): Verlagsbuchhändler in Riga, Jugendfreund und bedeutendster Verleger Herders

Hartknoch, Johann Friedrich jun. (1768-1819): Verlagsbuchhändler, übernahm 1789 den Verlag seines Vaters, 1797 verhaftet und nach Petersburg gebracht (Opfer der russischen Zensur), 1798 Umzug nach Leipzig, 1799 nach Rudolstadt, 1802 nach Dresden. Herders Verleger

Herder, Anna Elisabeth, geborene Peltz (1717-1772): Tochter eines Schuhmachers, verheiratet mit Gottfried Herder; Herders Mutter

Herder, Gottfried (1706-1763): Herders Vater; Glöckner, Kantor und Elementarlehrer an einer Mädchenschule; verheiratet in zweiter Ehe mit Anna Elisabeth, geb. Peltz

Herder, Maria Carolina (Caroline), geb. Flachsland (1750-1809): seit 2.5.1773 Herders Frau

Hesse, Andreas Peter von (1728-1803): Geheimer Rat, seit 1768 erster Staatsminister in Darmstadt; Vormund seiner Schwägerin Caroline Flachsland

Heyne, Christian Gottlob (1729-1812): klassischer Philologe und Archäologe; 1763-1809 Professor der Beredsamkeit in Göttingen, Redakteur der Göttingischen Anzeigen. Freund Herders

Heyne, Therese (1730-1775): seit 1761 Ehefrau von Christian Gottlob Heyne

Holstein-Gottorp, Friedrich August, Herzog von (1711-1785): seit 1750 protestantischer Fürstbischof von Lübeck.

Holstein-Gottorp, Peter Friedrich Wilhelm Prinz von (1754-1823): Sohn des Fürstbischofs von Lübeck. Herder war von März bis August 1770 dessen Erzieher und Reisebegleiter.

Homer (8. Jh. v. Chr.): griechischer Dichter

Hume, David (1711-1776): schottischer Philosoph und Historiker

Jacobi, Friedrich Heinrich (1743-1819): Philosoph und Schriftsteller, seit 1807 Präsident der Bayerischen Akademie der Wissenschaften

Jean Paul, eigtl. Johann Paul Friedrich Richter (1763-1825): Schriftsteller

Jung-Stilling, Johann Heinrich (1740-1817): Augenarzt und Schriftsteller

Kant, Immanuel (1724-1804): Philosoph, seit 1770 Professor der Logik und Metaphysik in Königsberg, Begründer der kritischen Philosophie. Herder war Schüler und später schärfster Kritiker des Philosophen.

Immanuel Kant

Kanter, Johann Jakob (1738-1786): Verlagsbuchhändler und Unternehmer in Königsberg; 1764 Gründung der „Königsbergschen Gelehrten und Politischen Zeitungen" („Kantersche Zeitungen"), Freund und Verleger von Johann Georg Hamann und Immanuel Kant.

Kauffmann, Maria Anna Angelika Katharina (1741-1807): schweizerische Malerin; seit 1782 in Rom; schuf Porträts von Herder und Goethe. Herder fasste in Rom eine herzliche Freundschaft zu ihr und meinte, sie sei „vielleicht die kultivierteste Frau in Europa".

Kepler, Johannes (1571-1630): Astronom und Mathematiker

Kleist, Ewald Christian von (1715-1759) preußischer Offizier, Lyriker und Naturdichter

Klopstock, Friedrich Gottlieb (1724-1803) Dichter der Aufklärung, lebte von 1751 bis 1770 in Kopenhagen. Herder verehrte Klopstock und besuchte ihn 1783 in Hamburg.

Klotz, Christian Adolph (1738-1771): klassischer Philologe, Altertumswissenschaftler, seit 1765 Professor der Philosophie und Beredsamkeit in Halle/Saale; Kritiker

Knebel, Karl Ludwig von (1744-1834) preußischer Offizier in Potsdam, 1774-1780 Hofmeister des Prinzen Konstantin von Sachsen-Weimar-Eisenach, Lyriker und Übersetzer

Körner, Christian Gottfried (1756-1831) Jurist, Oberkonsistorialrat in Dresden, Freund Schillers, besuchte Herder im August 1789

La Roche, Marie Sophie, geb. Gutermann von Gutershofen (1730-1807) Schriftstellerin; Verlobte Wielands, seit Dezember 1753 Frau von Georg Michael Anton von La Roche

Lamettrie, Julien Offray de (1709-1751): französischer Arzt und Philosoph, veröffentlichte 1748 die Werke „L'homme machine" (Der Mensch eine Maschine) und „L'homme plante" (Der Mensch eine Pflanze).

Lavater, Johann Kaspar (1741-1801) Schweizer Theologe und Schriftsteller

Leibniz, Gottfried Wilhelm (1646-1716): Universalgelehrter der Frühaufklärung, Philosoph, Physiker, Mathematiker, Naturwissenschaftler, Rechtsgelehrter, Diplomat und Historiker

Lessing, Gotthold Ephraim (1729-1781): Dichter der Aufklärung, Dramatiker, Literaturtheoretiker

Linné, Carl von (1707-1778): schwedischer Naturforscher

Lobstein, Johann Friedrich (1736-1784): Dr. med., seit 1768 Professor der Anatomie und Chirurgie in Straßburg. Seine medizinischen und chirurgischen Vorlesungen an der Universität Straßburg wurden auch von Goethe besucht. Lobstein operierte erfolglos Herders Tränenfistel.

Locke, John (1632-1704) englischer Philosoph und Psychologe, Arzt und Erzieher

Lowth, Robert (1710-1787): englischer Bischof

Ludwig (Louis) XIV. (1638-1715): König von Frankreich (der »Sonnenkönig«)

Luther, Martin, Dr. theol. (1483-1546): Kirchenreformator, Begründer des deutschen Protestantismus

Macdonald, James (1772-1810): schottischer Prediger, Erzieher und Schriftsteller

Mendelssohn, Moses (1728-1786): Philosoph der Aufklärung und Schriftsteller in Berlin

Merck, Johann Heinrich (1741-1791): Kriegsrat in Darmstadt, Schriftsteller

Michaelis, Johann David (1717-1791): Theologe und Orientalist, Prof. der Philosophie in Göttingen

Milton, John (1608-1674): englischer Dichter

Montesquieu, Charles de Secondat, Baron de la Brède et de (1689-1755): französischer Philosoph der Aufklärung, Schriftsteller

Möser, Justus (1720-1794): Historiker und Publizist

Mozart, Wolfgang Amadeus (1756-1791): österreichischer Komponist; neben Beethoven und Haydn bedeutendster Komponist der Wiener Klassik

Müller, Johann Georg (1759-1819): Schweizer Theologe und Schulreformer, 1794 Gymnasialprofessor; Freund der Familie Herder

Napoleon I. (Napoleon Bonaparte) 1769-1821: französischer General, 1799-1804 Erster Konsul, 1804-1814 Kaiser von Frankreich

Newton, Sir Isaac (1643-1727): englischer Physiker, Mathematiker und Astronom

Nicolai, Christoph Friedrich (1733-1811) Schriftsteller, Kritiker und Verlagsbuchhändler in Berlin

Opitz, Martin (1597-1639): Dichter des Barock

Ossian: sagenhafter keltischer Sänger

Percy, Thomas (1729-1811): englischer Schriftsteller und Geistlicher, seit 1782 Bischof, Sammler altenglischer und altschottischer Balladen und Volkslieder

Petrarca (Petrarch), Francesco (1304-1374): italienischer Lyriker

Pindar (ca. 518-ca. 446 v. Chr.): griechischer Lyriker

Preußen, Friedrich II., der Große (1712-1786): ab 1740 König von Preußen

Reiffenstein, Johann Friedrich (1719-1793): Altertumsforscher, Kunstschriftsteller, lebte seit 1762 in Rom

Riedel, Friedrich Justus (1742-1785): Philosoph, 1768-1771 Professor an der Universität Erfurt, seit 1772 an der Kunstakademie Wien

Rousseau, Jean-Jacques (1712-1778): französisch-schweizerischer Philosoph und Schriftsteller der Aufklärung

Roussillon, Henriette Alexandrine Helene von (1745-1773): Hofdame, im Darmstädter Kreis der Empfindsamen „Urania" genannt

Russland: Elisabeth Jelisaweta Petrowna (1709-1762): Zarin von Russland

Russland: Peter III. Fjodorowitsch (1728-1762): Zar von Russland

Sachsen: Friedrich August I., der Starke (1670-1733): Kurfürst von Sachsen, als August II. König von Polen

Sachsen-Gotha-Altenburg, August Prinz von (1747-1806): Freund Herders, Goethes und Wielands

Sachsen-Weimar-Eisenach, Anna Amalia (1739-1807): regierende Herzogin von 1759-1775

Sachsen-Weimar-Eisenach, Carl August (1757-1828): Erbprinz, seit 1775 Herzog, seit 1815 Großherzog

Sachsen-Weimar-Eisenach, Louise Auguste Herzogin von (seit 1815 Großherzogin), geb. Prinzessin von Hessen-Darmstadt (1757-1830): Gemahlin von Carl August

Louise Auguste Herzogin Sachsen-Weimar-Eisenach

Schardt, Friederike Sophie Eleonore von, geb. von Bernstorff (1755-1819): Ehefrau des Geheimen Regierungsrats Ernst Karl Konstantin von Schardt. Herders Freundin

Scharnhorst Gerhard von (1755-1813): preußischer General und Militärreformer, 1773-1777 Schüler der Kriegsschule Wilhelmstein des Grafen Friedrich Ernst Wilhelm von Schaumburg-Lippe

Schaumburg-Lippe, Graf Friedrich Ernst Wilhelm von (1724-1777): Militärtheoretiker, richtete auf dem Wilhelmstein im Steinhuder Meer eine Kriegsschule ein.

Schaumburg-Lippe, Gräfin Maria Barbara Eleonore von (1744-1776): Gemahlin des Grafen Friedrich Ernst Wilhelm von Schaumburg-Lippe

Schiller, Johann Christoph Friedrich von (1759-1805): neben Goethe bedeutendster Dichter der Weimarer Klassik; 1789-1799 Professor der Geschichte in Jena

Schlegel, Dorothea Caroline Albertine, geb. Michaelis, verw. Böhmer, gesch. Schlegel (1763-1809): seit 1803 Ehefrau des Philosophen Friedrich Wilhelm Joseph Schelling

Schlegel, Gottlieb (1739-1810): Direktor an der Domschule in Riga.

Schlözer, August Ludwig (1735-1809): Historiker und Publizist

Schubert, Franz (1797-1828): österreichischer Komponist

Schütz, Johann Georg (1755-1813): Maler und Radierer, 1784-1790 in Rom

Schwarz, Johanna Sophia (1753-1800): Herders Schülerin in Riga; Nichte seines Freundes Georg Berens.

Schwartz-Erla, Johann Christian (*um 1715–Todesjahr unbekannt): Regimentsarzt

Seckendorff, Sophie Friederike von (1755-1820): Geliebte des Trierer Domherrn Johann Friedrich Hugo von Dalberg

Shakespeare, William (1564-1616): englischer Dramatiker von weltliterarischer Bedeutung

Stein, Charlotte Albertine Ernestine, geb. von Schardt (1742-1827): Hofdame am Weimarer Hof; Freundin Goethes

Steinbach, Erwin von (um 1244-1318): Erbauer des Straßburger Münsters

Sterne, Lawrence (1713-1768): englischer humoristischer Schriftsteller irischer Herkunft

Stichling, Karl Wilhelm Konstantin (1766-1836): sachsen-weimarischer Beamter, seit 1799 verheiratet mit Juliane Caroline Dorothea Wieland (1782-1809), einer Tochter Wielands; nach deren Tod in 2. Ehe mit Luise Theodora Emilie von Herder (1781-1860), der einzigen

Tochter von Caroline und Johann Gottfried Herder; ∞ 13.10.1809.

Sulzer, Johann Georg (1720-1779): Schweizer Philosoph und Ästhetiker

Swift, Jonathan (1667-1745): irischer Schriftsteller

Trescho, Sebastian Friedrich (1733-1804): protestantischer Theologe; seit 1760 Diakon in Mohrungen; Verfasser einer dreibändigen „Sterbebibel"

Voltaire, François-Marie Arouet de (1694-1778): französischer Philosoph und Schriftsteller der Aufklärung, 1745 königlicher Historiograph, 1750-1753 Kammerherr und Gast am Hofe des preußischen Königs Friedrich II. (des Großen)

Vulpius, Christiane (1765-1816): Goethes Lebensgefährtin, seit 1806 dessen Ehefrau

Werthern-Beichlingen, Amalie (gen. Emilie) Christiane Philippine von, geb. von Münchhausen-Steinburg (1757-1844): 1775-1788 verheiratet mit dem Kammerherrn und Stallmeister Baron Christian Ferdinand Georg von Werthern-Beichlingen; seit 1788, nach einem vorgetäuschten Tod, Gemahlin von Johann August von Einsiedel; Freundin von Sophie von Schardt

Westfeld, Christian Friedrich Gotthard (1746-1823): Kammerrat des Grafen Friedrich Ernst Wilhelm zu Schaumburg-Lippe

Wieland, Christoph Martin (1733-1813): Dichter der Aufklärung, Journalist, Herausgeber und Übersetzer

Winckelmann, Johann Joachim (1717-1768 ermordet): Archäologe und Kunsthistoriker, Begründer der klassischen Altertumswissenschaft

Ziegler, Luise Henriette Friederike von (1750-1814): Hofdame der Landgräfin Caroline von Hessen-Homburg, im Darmstädter Kreis der Empfindsamen „Lila" genannt

Zimmermann, Johann Georg, Dr. med., Ritter von (1728-1795): Schweizer Arzt, medizinischer und philosophischer Schriftsteller; seit 1768 königlich-englischer Leibarzt in Hannover

Zucchi, Antonio (1726-1795): italienischer Maler, seit 1781 mit Angelika Kauffmann verheiratet

Zwingli, Huldrych (Ulrich) 1484-1531: Schweizer Reformator

Die Namen von Herders Kindern

(Rufname unterstrichen)

1. Wilhelm Christian Gottfried Herder (1774-1806): seit 1796 Dr. med.; praktischer Arzt und Hofmedicus in Weimar; starb an Typhus.

2. Siegmund August Wolfgang Herder (1776-1838): 1795 Student der Naturwissenschaften in Jena, 1796 in Göttingen, 1797 an der Bergakademie Freiberg, 1800 Student der Rechte in Wittenberg, 1802 Bergamtsassessor in Marienberg und Schneeberg; Dr. phil., Bergmann und sächsischer Oberberghauptmann; Freiherr. Er machte über 3000 Taler Schulden, die seine Mutter heimlich tilgen musste.

3. Wilhelm Ludwig Ernst Herder (1778-1842): Kaufmann; seit Herbst 1801 Rechnungsführer bei seinem Bruder Adelbert auf dessen Landgut Stachesried, nordöstlich von Regensburg; 1805-1826 Kaufmann in Petersburg und dort zu Reichtum gelangt; Freimaurer.

4. Karl Emil Adelbert Herder (1779-1857): Landwirt, Ökonom; 1801-1809 Besitzer des Landguts Stachesried, nordöstlich von Regensburg.

5. Luise Theodora Emilie Herder (1781-1860), verh. Stichling; einzige Tochter von Caroline und Johann Gottfried Herder.

6. Emil (Aemilius) Ernst Gottfried Herder (1783-1855)

7. Karl Ferdinand Alfred Herder (1787-1788)

8. Rinaldo Gottfried Herder (1790-1841): Forstbeamter